Cuando te conocí

Tres países, dos personas, una vida

Patricia Oriani Peralta
María José Delgado Oriani
Juan Carlos Delgado Oriani

BARKER JULES

BARKER & JULES®

CUANDO TE CONOCÍ | Tres países, dos personas, una vida

Edición: Barker & Jules Books™
Diseño de Portada: Juan José Hernández Lázaro | Barker & Jules Books™
Diseño de Interiores: Juan José Hernández Lázaro | Barker & Jules Books™

Primera edición - 2021

I.S.B.N. | 978-1-64789-348-4
I.S.B.N. eBook | 978-1-64789-349-1

BARKER & JULES, LLC
2248 Meridian Blvd. Ste. H, Minden, NV 89423
barkerandjules.com

Dedicatoria:

Dedico este libro a mis papás, Enrique y Gloria (QDEP); a mis hijos, Juan Carlos, María Celina y María José; a la esposa de mi hijo, Carolina; a mis nietos María Paula, José Pablo, María Natalia, y a los que estén por venir.

En memoria de doña Bertha García Vázquez

Patricia Oriani

Sinopsis:

Patricia es originaria de El Salvador, donde sueña con encontrar el amor. Todavía adolescente es enviada a estudiar a los Estados Unidos, ahí aprenderá a valerse por sí misma y tendrá que tomar decisiones que marcarán su futuro para siempre.

Índice

Tiempos de guerra

Siempre fui muy soñadora e imaginaba mi vida cuando llegara la edad para casarme. Ese era mi sueño más anhelado desde niña: casarme con un hombre maravilloso, tener hijos y ser muy feliz. Lo que nunca soñé ni imaginé fue cómo lo conocería.

Mi mamá siempre me decía que mi media naranja estaba en algún lugar del mundo y que Dios pondría los medios para encontrarnos. En esos momentos pensaba que mi media naranja estaba en algún lugar de mi hermoso país: El Salvador.

Pero, a menudo, nuestra imaginación es superada por las circunstancias de la vida. Esta es la historia real de cómo encontré al amor de mi vida.

Era el año de 1976, yo terminaba de estudiar high school en un colegio que se encuentra en Grand Coteau, Luisiana, llamado Academy of The Sacred Heart. Regresé a El Salvador sin saber qué carrera estudiar porque, la verdad, eso no era mi sueño. Como les dije anteriormente, mi sueño siempre fue casarme y ser feliz.

Mis papás no sabían qué hacer conmigo en ese momento, sobre todo porque la situación en mi país era muy difícil: se estaba gestando una guerra civil que azotaría el país en los próximos años. Y como yo tampoco tenía idea de qué hacer con mi vida, mis papás lo decidieron por mí, iría a un colegio llamado Bethania, para señoritas, en el cual había un programa que duraba dos años. Este consistía en una educación francesa en la que me prepararían para casarme, pues me enseñarían muchas cosas manuales como tejer, bordar, cocinar, administrar una casa y saber cómo comportarme en sociedad. La verdad, esos años disfruté mucho y conocí nuevas amigas. Al salir, nuevamente mis papás tuvieron el dilema de qué hacer conmigo. La situación en El Salvador era cada día peor.

Yo aproveché su preocupación para decirles que me mandaran a una universidad en Misisipi, que se encuentra en un pueblo perdido –como diría mi papá– llamado Starkville. Allí estaba estudiando una de mis mejores amigas, su hermana y su prima.

Para suerte mía, a principios de 1980 me enviaron allí. Volé a Nueva Orleans, de donde partí en una avioneta a Starkville, pues ningún avión llegaba a ese lugar.

Entré a un curso de inglés avanzado. Ya sabía inglés, pero como no tenía claro qué estudiar, tomé ese curso.

Sinceramente, estaba feliz con mis amigas, aunque fuera en ese pueblo remoto.

Habían pasado unos meses cuando mis papás me fueron a visitar para ver cómo estaba, al ver el pueblo y que yo no estaba haciendo algo de provecho tomaron la decisión de llevarme con ellos de regreso a El Salvador. Por supuesto que no me quería ir, pero no me quedaba más que obedecer. Aunque la situación estaba muy complicada y peligrosa, preferían que estuviera con ellos a que acabara casada con alguien de ese pueblo viviendo, a lo mejor, en un tráiler. Estoy segura de que no hubiera elegido a alguien que me llevara a vivir así, pero creo que mis papás no confiaban mucho en mí en ese momento. Quizá también porque no había mucho de dónde escoger.

Estuve, aproximadamente, desde junio de 1980 a agosto de 1980 en El Salvador. No entré a la universidad por la situación política y social en que se encontraba el país. No era seguro salir, había secuestros. En 1980, la guerra civil había estallado. Se escuchaban bombas, disparos de metralletas, había retenes militares y toque de queda. Lo admirable era que, a pesar de todo, la mayoría de los salvadoreños seguíamos tratando de seguir con nuestra vida. Aunque siempre teníamos que tener mucho cuidado al andar en la calle. En esos momentos yo no pensaba mucho en qué era lo que quería estudiar en la universidad o qué iba a hacer con mi vida; así que dejaba pasar el tiempo.

El camino correcto

Un día mis papás me dijeron que tenían que hablar conmigo. Habían tomado la decisión de enviarme a Washington D. C., donde se encontraba estudiando su maestría mi hermana mayor: Ana, quien sí era muy estudiosa. Yo no quería irme, pero Dios iluminó a mis papás para ponerme en el camino correcto y esta es la mejor parte de esta historia.

Así pues, a los veintidós años me fui a Washington, era agosto de 1980. Les pedí permiso a mis papás de volar vía Guatemala, pues allí se encontraba estudiando Carmen, una de mis mejores amigas. No pusieron ninguna objeción, así que volé a Guatemala y me quedé varios días con ella y su *roommate*. Pasamos muy contentas. Los días se me fueron rapidísimo.

Llegué a Washington, igual, sin saber qué estudiar, no me interesaba nada aún. Nunca pensé qué me tenía deparado el destino en esa hermosa ciudad, aunque seguía con mis sueños de encontrar a un hombre maravilloso, casarme y formar una familia.

Mientras tanto, tenía que buscar qué estudiar y seguir ese camino. Mi hermana lo hacía en American University, vivía en New Mexico avenue, una calle hermosa cerca de la universidad, una zona con casas muy elegantes. Su apartamento tenía vista a un bosque lindo. Ana me advirtió que tenía que aprender a hacer las cosas por mí misma, así que el día que llegué me dijo:

—Paty, tiene que ir a la universidad a ver a qué programa o carrera pueda entrar. Tiene que aprender a valerse por sí misma, ir y venir por su cuenta, no la puedo llevar ni traer, porque no vamos a tener seguramente los mismos horarios; cuando coincidamos lo haré con gusto.

La verdad, siempre fui dependiente de mis papás, todo me lo resolvían, pero en esos momentos tenía que empezar a ser independiente y resolver mi vida sola, y estaba muy asustada.

Ana me enseñó la parada del autobús que pasaba enfrente de su edificio e iba directo a la universidad. Así fue como, por segunda vez en mi vida, me subí a un autobús. La primera lo hice con unas amigas, con las que me escapé del colegio La Asunción, en donde estudié la primaria y hasta segundo año de secundaria; queríamos saber lo que era subirse a un autobús. Por supuesto, no aprendí nada. Eso sí, no tenían nada que ver los autobuses de Washington con los de El Salvador; gracias a Dios, pues los de mi país daban miedo.

Llegué a la universidad a buscar los cursos a los cuales me podía inscribir, hallé uno que se llamaba Business Skills. Abrí una cuenta en el banco, lo cual nunca había hecho, en la que me depositarían mis papás para pagar la universidad y todos mis gastos.

El primer día fue terrible para encontrar el aula en donde me tocaba mi primera clase. Cuando entré al salón me moría de pena, pues no conocía a nadie y siempre he sido muy tímida al comenzar a relacionarme con personas que no conozco. Sin embargo, empecé a platicar con una argentina llamada Paola. Vi a un español que me pareció guapo, pero nada simpático. De repente, entró Yaya, una venezolana escandalosa y simpática, que se sentó junto a mí; no paraba de hablar ni de hacerme preguntas, eso me impresionaba porque yo era todo lo contrario a ella, sobre todo con personas que acababa de conocer. Pero ella te hacía hablar.

Teníamos varias cosas en común, mas no el carácter, que era muy diferente, lo que pienso que nos hizo llevarnos muy bien. Solamente fuimos compañeras en dos materias, pero checamos nuestros horarios para quedar en una hora en la que pudiéramos reunirnos en la cafetería de la universidad.

Pasaron los días y cada vez nos teníamos más confianza: yo la invitaba al apartamento de mi hermana y ella, a casa de sus tíos, que vivían un poco más lejos de la universidad y de donde mi hermana. Yaya estaba en Maryland.

Un día platicando nos dimos cuenta de que ambas habíamos tenido la misma formación y que nuestras familias eran muy católicas; me contó también que ella iba un día de la semana por la tarde a recibir una clase de formación. Esas mismas clases yo las había tomado durante muchos años en El Salvador. Le dije que me llevara. Así fue que empezamos a ir juntas.

Después de un tiempo, Ana, mi hermana, me consiguió que viviera con dos amigas de ella que acababan de llegar a Washington: Nancy, de California, y Renata, de El Salvador. La razón era porque el departamento de Ana era de buen tamaño, pero solamente tenía una recámara con baño vestidor, lo cual era un problema por las mañanas si las dos teníamos que irnos a clases.

Ellas habían rentado un apartamento muy amplio de tres recámaras con sus baños, que estaba también en Maryland, donde vivía Yaya; formaba parte de un grupo habitacional que se llamaba Willoughby of Chevy Chase. Cruzaba la calle y estaba en Washington, así que me quedaba muy cerca de la universidad, no tanto como desde donde se ubicaba mi hermana, pero no importaba, porque mis papás ya habían decidido darme el coche de ella pues le comprarían uno nuevo. Estaba muy feliz: ya no iría en autobús a la universidad y podría moverme a todos los lugares que quisiera. Además, y sobre todo, en la época de las nevadas, no tendría que esperar en la estación muriéndome de frío.

Empezamos a llevarnos muy bien con Paola, de Argentina, Paco, el español y otros compañeros, entonces organizábamos salidas a diferentes lugares de Washington.

Ya era 1981. Habían pasado enero, febrero, marzo, cuando un día llego corriendo Yaya al salón de clases y me dijo:

—Flaca —así me decía—, te tengo que decir algo. Tienes que conocer a un mexicano que te va encantar. Me empezó hablar maravillas de él.

—¿Cómo se llama? —le pregunté.

—Cuauhtémoc —me dijo.

Cuando me dijo el nombre; le dije:

—Yaya, estás loca, no quiero conocer a un mexicano y menos que se llame Cuauhtémoc; no me interesa, no quiero ni imaginármelo, así es que olvídate de presentármelo. Estoy muy bien así.

Lo que es dejarse llevar por un nombre y adelantarnos a juzgar antes de conocer a las personas.

Pero Yaya no se dio por vencida. Un día estábamos todos los amigos en la cafetería tomando algo; yo, sentada junto a Paco, el español, platicando muy agradable, pues ya me caía bien y nos habíamos empezado a llevar muy bien.

Estábamos muy entretenidos platicando cuando alguien se acercó a la mesa a saludar a Yaya y ella lo presentó con todos, pero, para ser franca, ni Paco ni yo pusimos mucha atención. Ese alguien era Cuauhtémoc, pero cuando dijo su nombre no lo escuché ni lo vi.

¿Destino o casualidad?

Pasaron unas dos semanas, era 26 de abril de 1981, cuando Yaya me dijo:

—Flaca, por favor, acompáñame al apartamento de Temo, he quedado de ayudar a José Manuel, su hermano, a organizarle una fiesta de cumpleaños. Temo cumple veintiocho años hoy.

A Cuauhtémoc le decían Temo, lo cual me parecía mucho mejor. Yo le dije:

—Sí te acompaño, con la condición de que dejes de estar diciendo que me va a gustar y que me voy enamorar de él. Eso jamás va suceder con un hombre que se llame Cuauhtémoc.

Se rio y me dijo:

—Está bien, a lo mejor más adelante te tragarás tus palabras.

Me reí y agregué:

—Será al revés, tú te tragarás las tuyas.

Nos fuimos en mi coche. A Yaya le encantaba José Manuel, el hermano de Temo, por lo que creo que era más pretexto lo de la organización de la fiesta de Temo para ver a José Manuel que otra cosa.

Tenían que aprovechar para preparar la fiesta en esos momentos, ya que Temo no iba a estar, se iría a clases a la universidad.

Llegamos en mi coche. Me estacioné en una calle lateral al edificio, donde había una puerta de entrada. Yaya iba caminando delante de mí, con prisa por llegar; la verdad, yo no tenía ninguna premura. Cuando estaba a punto de bajar unos escalones para llegar a la puerta de entrada, vi que dos jóvenes iban cruzando la calle. Primero pasó uno de ellos, pero el segundo, que venía un poco detrás, llamó mucho mi atención, tanto que estuve a punto de caerme al dar el paso para bajar el primer escalón.

Nunca olvidaré cómo iba vestido: una camisa a cuadros *beige* y negro, pantalones de mezclilla, unas botas color miel que hacían juego con su cinturón. Llevaba su mochila color *beige* con café y un libro en la mano. Él no me vio. Yo me quedé con la boca abierta.

Cuando alcancé a Yaya le dije:

—Yaya, acabo de ver a dos muchachos, uno de ellos me encantó. ¿Quien será?

—Flaca, ¿cómo voy a saber?, aquí viven varios estudiantes, solo Dios sabe a quién de ellos has visto.

Nos pusimos a arreglar todo para la fiesta de Temo. Terminando nos fuimos cada quien a su casa para prepararnos para la noche. Lo que escogí para ponerme fue una blusa de seda verde con una falda negra, un cinturón negro grueso y zapatos negros.

Llegamos juntas. Yo iba un poco nerviosa, pues no conocía a nadie, por lo que le advertí a Yaya que no se separara de mí. Tenía que hacerlo, pues, conociéndola, estaría toda la fiesta con José Manuel o platicando con todos los invitados, ya que ella se llevaba con todo mundo.

Entramos y… ¡Cuál sería mi sorpresa!: el cumpleañero era el mismo joven que yo había visto cruzando la calle. Bueno, mi corazón casi se me salía de la emoción, latía a mil por hora.

Jalé del brazo a Yaya y le dije:

—Yaya, no me lo vas a creer, es el mismo que vi en la tarde cruzando la calle, antes de entrar al edificio.

Se sorprendió y me dijo:

—Flaca, ¿qué te dije?, te vas a tragar tus palabras.

Nos acercamos a felicitarlo, me dijo:

—Hola, mucho gusto. Ya te conozco, Yaya no deja de hablarme de ti todo el tiempo.

Le contesté:

—Mucho gusto. ¡Muchas felicidades!

No le dije que Yaya también me hablaba de él todo el tiempo.

Nos dimos la mano. Bueno, yo no podía creer que Yaya tenía razón y que me gustaría desde el primer momento.

Platicamos un poco. Él estaba muy distraído viendo a una joven llamada Lalik, una armenia que le gustaba mucho. No sé en qué momento se le ocurrió darle celos conmigo, ya que ella tenía novio, aunque se veía que a ella no le era indiferente, pues no dejaba de verlo.

Temo me sacó a bailar. Pero, como les digo, su único plan era molestar a Lalik, no era realmente porque quisiera bailar conmigo. De igual manera, yo estaba más que emocionada. Bailamos. Él se daba cuenta de que yo estaba entusiasmada, pues, a decir verdad, no podía ocultar mi felicidad de poder bailar con él.

Empezamos el baile y me dijo:

—No te pongas nerviosa, porque me puedes pisar.

Nada más me reí y acoté:

—No te preocupes, no lo voy hacer.

Así comenzó a molestarme por todo: de cómo hablaba, que era una niña fresa, que estaba estudiando MMC (Mientras Me Caso), etc.

Terminamos de bailar, me fui a sentar a una silla y, ¡cuál fue mi susto!, esta se quebró; no llegué a caerme al suelo porque Temo me sostuvo de un brazo, pero aprovechó lo que había ocurrido para seguir molestándome y burlándose de mí.

Me dijo:

—Me tienes que pagar la silla, ve pensando cómo lo vas hacer y cuándo.

Le contesté:

—Por supuesto que te la pago, nos ponemos de acuerdo el lunes.

Yo sí creí que lo que me estaba diciendo era en serio, pero no me molestaba; yo, feliz de tener un pretexto para verlo, aunque fuera para pagar una silla.

Desde ese momento, Temo me empezó a molestar tanto que todos se daban cuenta. Lalik, obviamente, vio todo; no puedo asegurarlo, pero creo que tenía celos.

Yaya me dijo:

–Flaca, no te creas lo de la silla, ya estaba rota y era una silla vieja, no le hagas caso.

Le dije:

—No importa, sí se la voy a pagar.

Un muy amigo de Temo, llamado Pepe, le dijo a Temo en ese momento que se veía que yo le gustaba y que él a mí. Temo lo negó, dijo que yo no era su tipo, que me veía muy penosa, que parecía monjita. Lo que sí era cierto es que a mí sí me gustaba muchísimo.

Terminó la fiesta. Cuando salimos no le dije a Yaya lo mucho que me había gustado Temo.

Al día siguiente llegaron a visitarme mis amigas Olga, Tita y Marcela; con ellas había estado en Starkville. Les conté de Temo y les dije que moría por volverlo a ver. Como les platiqué sobre lo que pasó con la silla, me aconsejaron -no sé qué tan buen consejo fue- que lo llamara y lo invitara a cenar como pago de la silla. A mí me pareció el mejor de los consejos, porque… claro, me moría por verlo. No tenía su teléfono, así que tuve que preguntárselo a Yaya, quien me dijo que cómo le iba a pagar una silla que ya estaba rota y vieja, que Temo me lo había dicho por molestar. Le mencioné que, de todas maneras, se la iba a pagar con una cena y que ella estaba invitada.

Lo llamé. Colgué como tres veces antes de animarme a decirle algo. Mis amigas me echaban porras. Por fin, me animé a marcarle de nuevo; el contestó el teléfono, y mi voz no salía, mi corazón latía a mil por minuto. Yo nada más escuchaba que él decía:

—Bueno… Bueno…

Colgué el teléfono para respirar y volver a agarrar valor. Por fin, me animé. Volví a marcar. Él contestó nuevamente:

—¡Bueno!

—¡Hola! Te llama Patricia Oriani, te hablo por lo de la silla; le pedí tu número a Yaya.

—¡Hola! ¡Qué gusto que me llames y que cumplas con tu palabra de pagarme la silla!

—Claro que voy a cumplir, pero te la voy a pagar invitándote a cenar.

—¡Me parece muy bien! ¿Cuándo me vas invitar? ¿Será una cena para dos con velas muy romántica?

—Por supuesto que no. Te invito a ti, a tu hermano José Manuel, a Yaya y estarán mis *roommates*, unas amigas que han venido a visitarme, mi hermana y también mi hermano, que viene de visita desde Houston.

—Esperaba que fuéramos nosotros dos nada más, pero acepto, ya será en otra ocasión nuestra cena romántica.

—Bueno, los espero a ti y a tu hermano el sábado a las 7:00 p. m.

—Allí estaremos. Muchas gracias.

En toda la conversación, a duras penas me salían las palabras. Pensaba que no iba a aceptar mi invitación, pero, para mi sorpresa, me dijo que claro que iría, pues le tenía que pagar la silla; jamás me dijo que la silla ya estaba rota y que no era necesario que se la pagara.

Nancy me ayudaría a cocinar, porque ella lo hacía delicioso; prepararía una pasta riquísima, ensalada y postre. Todo quedó muy bien.

Llegó el sábado y a las 7:00 p. m. en punto, sonó el timbre.

No podía de la emoción. Iba a salir corriendo a abrir la puerta, pero mis amigas me detuvieron, me dijeron que no abriera yo la puerta, que alguna de ellas lo haría, para que no le demostrara cuánto me gustaba.

Por supuesto que, al verlo, mi cara se puso roja, y con eso ya demostraba bastante.

Mi hermana no había llegado en ese momento. Cuando nos sentamos en la sala, Temo vio una foto de ella y me preguntó quién era. Le contesté que mi hermana Ana. Me dijo que ella era compañera de él en una clase de la maestría, que la conocía. En ese momento no dejaba de pensar en las coincidencias de la vida. Agregué que en un momento llegaría con mi hermano Gerardo, pues lo había ido a recoger al aeropuerto. Pasó el tiempo y mis hermanos no llegaban.

Temo platicaba con todas mis amigas. Coqueteaba, mejor dicho, así como conmigo; y eso sí, no dejaba de molestarme, lo cual solo me tocaba a mí. Pero, bueno, me encontraba tan feliz que en esos momentos no le daba importancia.

Tuvimos que pasar a la mesa a cenar, dado que ya era un poco tarde. Mis hermanos, por fin, llegaron. Se demoraron porque Gerardo, mi hermano, chocó el coche de mi hermana, que era un Audi recién salido de la agencia.

Gracias a Dios, no les había sucedido nada a ellos, pero el coche era pérdida total. Cuando mi hermana dijo que tenía que hacer todo el papeleo del seguro, Temo se ofreció ayudar en lo que se necesitara. En ese momento pensé que era muy educado y amable.

El lunes en la universidad llegué con Yaya:

—¿Cuál es el horario de Temo? Dime todo lo que sepas: ¿qué hace?, ¿cuándo está aquí?

Yaya me dijo:

—Flaca, ¿qué te dije? Te estás tragando todo lo que decías sobre no querer conocerlo, no debería decirte nada, pero lo voy hacer.

Me dio todos los detalles de los horarios de Temo y todo lo que hacía en la universidad. Como ella estaba más que emocionada de que nos enamoráramos, por supuesto, me dio toda la información que tenía, me comentó la hora en que él se iba a la biblioteca a estudiar y fuimos para que me enseñara el lugar donde siempre se sentaba él. En cuanto vi la hora y tenía el tiempo libre me fui a la biblioteca para verlo. Me senté en un lugar en donde podía mirar cuando entrara y, a su vez, tener buena vista del lugar donde se sentaba siempre. Por fin apareció, tal como me dijo Yaya, se fue directo a su lugar favorito. A esa hora la biblioteca estaba bastante solitaria. Yo podía observarlo con toda tranquilidad y disfrutar contemplándolo estudiar.

Siempre estaba ahí

Transcurrieron unos días –no recuerdo cuántos–, en esa misma semana, y, según yo, él no se daba cuenta que estaba yo allí, hasta que el jueves o viernes, cuando realmente yo estaba leyendo muy distraída, de repente sentí que alguien estaba parado junto a mí mirándome. Al girar la mirada vi que era él. Me sonrojé mucho y me puse muy nerviosa. Él me dijo:

—Hola, veo que eres muy estudiosa, pues siempre te veo aquí.

Me puse tan nerviosa que no podía contestarle, nunca imaginé que él se hubiera dado cuenta de que yo siempre estaba ahí. Me quería morir de pena.

Le dije:

—Me gusta venir a estudiar a la biblioteca cuando no tengo clases.

—Me parece muy bien, a mí igual, me concentro mejor —mencionó él.

Claro que yo lo hacía para concentrarme en verlo, pero eso no se lo podía decir.

Platicamos un rato y se despidió de mí.

Me hubiera encantado que me preguntara si ya había terminado de estudiar, que me invitaba a ir aunque fuese a la cafetería de la universidad, pero no, se despidió, fue a su lugar, tomó sus libros, los metió en su mochila y se fue.

Cada día me gustaba mucho más. Cuando Yaya me decía de algún plan que tenían para salir con Temo, yo no lo pensaba ni dos veces para ir con ellos. Entonces, él se me acercaba, me coqueteaba, platicábamos, me molestaba, todo eso me encantaba, estoy segura de que él se daba cuenta de cuánto me gustaba. Todos los fines de semana había algo planeado para hacer. Un día fuimos al cine, se sentó junto a mí y empezó a molestarme con una servilleta, la cual hizo rollito. Me dio una punta, él tomó la otra y me dijo:

—Estamos agarrados de las manos. ¿Qué te parece?

—Así con la servilleta me parece bien —le dije.

Me moría de pena siempre, nunca sabía qué decirle, pero me sentía muy muy feliz cuando lo veía o estaba con él.

Un día fuimos a escuchar jazz a George Town. Nos gustaba mucho ir a pasear ahí. La primera vez que fuimos a bailar fue a Desire, una disco en la que Ana, mi hermana, tenía una membresía y era muy exclusiva. Temo bailó conmigo toda la noche. En un momento en que estábamos sentados pusieron una canción de Kenny Rogers, llamada "Lady", y me dijo:

—Esta canción me gusta muchísimo, es la canción que más me gusta de Kenny Rogers; me gustan varias, pero está más. ¿Bailas conmigo?

—¡Sí, claro! —le contesté.

Me tomó de la mano y cuando estábamos bailando me la empezó a cantar al oído. No cantaba bien, pero a mí me parecía el mejor de los cantantes y el más romántico.

A partir de allí, "Lady", de Kenny Rogers, se convirtió en nuestra canción. Siempre que estábamos juntos la escuchábamos.

Lady

Fuimos a todos los museos en Washington, a la Casa Blanca, al Capitolio, al Cementerio Nacional de Arlington, al Lincoln Memorial; caminamos por los jardines en donde se encuentra el obelisco, visitamos todos los lugares importantes de la ciudad. Él quería volver a recorrer todos esos sitios antes de regresar a México. Él terminaba su maestría los primeros días de junio, y estábamos en mayo.

Un fin de semana viajamos a Baltimore. Caminamos por el puerto marítimo a la orilla del mar de la costa este. Había un señor vendiendo unos muñecos de plástico que se inflaban y los podías hacer saltar agarrándolos de un palo; en ese momento, tenía una rana y la estaba haciendo saltar. Nos quedamos viendo lo que hacía y el señor le dijo que lo comprara para su novia. Así lo habrá pensado, pues íbamos agarrados de la mano. Siempre que salíamos Temo me tomaba de la mano. No sé por qué lo hacía si solamente éramos amigos. Claro, yo lo dejaba. Lo que dijo el vendedor, por supuesto, no me molestó; Temo no dijo nada y compró la rana para mí. Me emocioné, la verdad. Todo eso me hacía que me enamorara más de él. Cuando me fue a dejar a mi apartamento llegué feliz con mi rana, directo a ponerla de adorno en mi cuarto.

Otro fin de semana estuvimos en Busch Gardens Williamsburg, Virginia, un parque de diversiones que estaba recién inaugurado. Fuimos varios de los amigos. Como siempre que salíamos, Temo estaba junto a mí y me tomaba de la mano. Nos subimos a todos los juegos que habían allí, el más impresionante era una montaña rusa enorme que estaba sobre un lago, su nombre era Loch Ness Monster. Antes de subirnos, él me preguntó si estaba segura de querer subirme. Obvio, le dije que sí, que no me daba miedo. Cuando empezó a moverse el carrito en donde íbamos, llegó a la punta y bajó a toda velocidad, fue horrible, quería gritar, pero del miedo no me salían ni los gritos; aparte, me daba pena gritar. Pero he de haber tenido una cara de susto por la que no podía disimular mi miedo, pues él, en ese momento, me abrazó. Cuando nos bajamos estaba pálida de la impresión. Temo se sentó en una jardinera. Me dijo que me sentara enfrente, para que me pudiera apoyar en él, y me abrazó. Así estuvimos mucho tiempo. No quería que pasara ese momento. No quería que nos fuéramos de allí.

Otro fin de semana fuimos a Liberty Ski Resort, en Virginia, para esquiar. Siempre salíamos con muchos amigos. Fue de lo más divertido, pero, por supuesto, no paró de burlarse de mí, pues yo no sabía esquiar bien en nieve, solo lo había hecho una vez en España y me había ido fatal. Quería impresionarlo, así que me puse mi súper traje para esquiar y cuando me vio me dijo:

—Pareces toda una experta, o por lo menos así es como te ves con ese traje para esquiar.

—No, la verdad mi experiencia es esquiando en agua, allí sí soy buena, pero en la nieve no, solo lo he hecho una vez y me fue muy mal —le confesé.

—Empiezen por la parte para principiantes, un instructor las puede ayudar —Temo nos dijo a Yaya y a mí, pues ella estaba igual que yo, sin ninguna experiencia en nieve.

—Sí, de acuerdo —le contestamos.

Desde luego que no hicimos caso y decidimos seguirlos en el funicular hasta la parte más alta; al llegar, Temo y los demás ya se encontraban listos para bajar. Para mi mala suerte, en el momento en que Yaya y yo nos teníamos que bajar del funicular él volteó a vernos; lo vi, perdí el equilibrio y caí de boca en la nieve. No podía ni levantarme de la pena que tenía. Me fue a ayudar tratando de no soltar la carcajada enfrente de mí. Cuando vio que no me había pasado nada, vaya que se rio de mí y me dijo:

—Bueno, no me hicieron caso de quedarse en la pista para principiantes, ahora demuéstrame tus habilidades para esquiar, aunque dudo que tengas muchas después de como te bajaste del funicular.

Claro que me hice la valiente y le dije:

—¡Estoy lista para hacerlo!

Empezamos a bajar y cuando agarré velocidad me entró pánico; quería frenar y no podía; recordaba cómo hacerlo, pero no podía. Al llegar abajo no me detenía, fui a dar contra la valla, o no supe bien qué era, lo único que sí supe era que ahí terminaba la pista de esquí. A Yaya le pasó lo mismo, así que nos agarró un ataque de risa de nervios, pero casi nos hincamos dando gracias a Dios de que estábamos sanas y salvas. Nuevamente, esto fue motivo de burla para Temo y todos los que estaban allí. No volví a subir, claro está. Yaya y yo nos quedamos en la parte para principiantes.

Volví a ver a Temo por la tarde noche para ir a cenar. Fuera de eso, lo pasamos increíble. Bueno, puedo decir que hasta eso estuvo divertido, estaba tan perdidamente enamorada que no me importaba que esta parte fuera tema de diversión para él y para todos.

Todos esos fines de semana juntos me tomaba de la mano o me llevaba abrazada. A mí lo que más me gustaba era ir caminando tomados de la mano.

También salíamos a comer, a cenar. Algunas veces, en su apartamento. Y cada vez que lo veía yo quería detener el tiempo. Cuando nos encontrábamos en la universidad y caminábamos juntos, no me tomaba de la mano. Un día quise tomar su mano y me dijo que no lo hiciera, porque le ahuyentaría a sus admiradoras. Me sentí celosa. No solo salía conmigo, él seguía saliendo con sus amigas o admiradoras.

Un día por la tarde noche me pidió que lo ayudara a elegir entre dos camisas, quería saber cuál me gustaba más y que así le facilitara escoger lo que iba usar para ir a cenar con Helen, una gringa. Bueno, en ese momento, sentí un dolor en mi corazón, pero tenía que disimular, de modo que le dije cuál camisa me gustaba más. Y todavía tuvo el descaro de pedirme que lo ayudara a plancharla. Según yo, para demostrarle que no me importaba que saliera a cenar, le planché la camisa; yo ni siquiera sabía planchar, nunca planchaba mi ropa.

No recuerdo por qué razón un día cambiamos de coche, él usaría el mío y yo el de él. Mi coche era un Mustang color verde botella con el techo en blanco y su coche un Monza amarillo mostaza. La verdad, todo eso a mí me hacía feliz, cualquier cosa que tuviera que ver con él me parecía hermosa.

Por la tarde noche iríamos Yaya y yo a ver una película con él y sus amigos a su apartamento. Estacioné el coche en Connecticut avenue, enfrente de la entrada principal del edificio; a esa hora no había problema de estacionarse allí. Viendo la película, Temo y yo nos quedamos dormidos en el sillón; no recuerdo qué hora era, pero sí que era de madrugada cuando me desperté toda asustada y le dije que me tenía que ir, que si mi hermana se enteraba que no había llegado a dormir me mataría. Salí corriendo y Temo detrás de mí. Cuál sería mi sorpresa cuando vi que su coche ya no estaba en la calle. Casi me muero y él casi me mata, pues me dijo que cómo se me había ocurrido estacionarme allí. Cuando se enojaba le temblaba el cachete. Me llevó en mi coche y quedamos que al día siguiente lo tenía que acompañar a sacar el coche del corralón. Obviamente, le dije que yo pagaría la multa, la grúa y todo lo que fuera necesario. No me importaba tener que ir a donde estuviera el coche con tal de estar con él.

Al día siguiente fuimos por su coche, por supuesto que no me dejó pagar nada, como todo un caballero. Se nos fue la mañana en arreglar todo. Al terminar, cada quien tomó su coche. Él ya se encontraba en exámenes, tenía que estudiar, así que nos dirigimos a la universidad, él a la biblioteca y yo a la única clase a la que alcanzaba a llegar.

Aunque me molestaba muchísimo, era muy lindo y atento conmigo.

Un día me invitó a jugar tenis, pues le había presumido que yo había tomado clases en el Club Deportivo de El Salvador. No sé en qué momento se me ocurrió decirle. Pasó por mí en su coche. Cuando me vio salir toda equipada, vestida con un conjunto de tenis Lacoste, como toda una profesional, se quedó apantallado.

Luego de que empezamos a jugar, todo lo que lo había apantallado con mi atuendo se esfumó, pues no le pegaba a ninguna pelota. No necesito decirles cómo disfrutó molestándome. Obvio, les contó a todos nuestros amigos cómo había jugado. Nada de eso me molestaba, al contrario, me encantaba que me molestara.

Empecé a invitarlo a ir conmigo a misa los domingos. Para mi sorpresa, aceptó. Eso significaba mucho para mí.

Los momentos alegres acaban

Un día, al salir de clases, nos encontramos y me dijo:

—¿Me acompañas a mi apartamento?

Le dije que sí. Llegamos y estábamos sentados en la mesa del comedor cuando sonó el teléfono, era su mamá, escuché que le dijo:

—Mamá, no te preocupes por mí, la verdad es que no siento nada por ese señor, qué triste por sus hijos, pero a mí no me afecta en lo absoluto.

Cuando colgó y se volvió a sentar junto a mí, estaba muy pensativo y le pregunté si había recibido una mala noticia. Me contó que su mamá le había llamado para contarle que su papá había muerto. Me quedé helada. Cuando le dije que lo sentía mucho, me dijo:

—No lo sientas, pues, la verdad, mis hermanos y yo no convivimos con él, yo tenía dos años cuando se fue y se divorció de mi mamá.

En ese momento me contó todo lo que pasó en su vida de pequeño. Yo no daba crédito, pues mi vida había sido totalmente diferente; la vida de Temo me parecía una telenovela. Me impresionó también que me dijera que él nunca le había platicado a nadie todo lo que me estaba platicando a mí. Me sentí muy agradecida por la confianza que tenía en mí, a pesar del poquito tiempo que teníamos de conocernos.

Se empezó a acercar el día de su regreso a México, faltaban dos semanas, máximo. Habíamos ido al súper ese día, pues cenaríamos en su apartamento. Siempre cocinaba su hermano José Manuel, Temo lavaba los platos y yo lo ayudaba. Me fue a dejar a mi apartamento, se bajó conmigo como siempre, pues él era muy caballeroso: cada vez que iba a recogerme para ir a algún lugar se bajaba del coche y subía a buscarme, nunca me esperaba en el *lobby*; hacía lo mismo al irme a dejar.

Ese día que me fue a dejar, me dijo que nos sentáramos en el *lobby* un momento, que me tenía que decir algo. Nos acomodamos uno frente al otro y me dijo:

—Faltan pocos días para regresarme a México, no quiero que te quedes triste, pues me he dado cuenta de que te estás enamorando de mí.

Me quedé sin palabras, lo único que pude hacer en ese momento fue llorar y llorar. Él me consolaba y me dijo:

—Quiero que sepas que no puede haber nada entre nosotros, por muchas razones; una de ellas es que no tengo intención de tener una relación a larga distancia, eres mi amiga y nada más. Hemos pasado momentos muy agradables juntos. Me llevo a México lindos recuerdos contigo, pero nada más.

Le dije:

—No te preocupes, entiendo. Solo somos amigos.

Cuando ya se iba a despedir, yo no quería que me dejara así. Él me pregunto:

—¿Como te puedes estar enamorando de mí si no me conoces realmente, no sabes bien quién soy, quién es mi familia y mis amigos en México? Tendrías que venir a México para conocer realmente quién soy, eso sí, como amigos que somos.

—Para mí también eres mi amigo. Me encantaría ir a México a conocer a todos —le dije.

No sé cómo pude decirle eso, pues no me salían las palabras.

—¡Pues ven conmigo a México! —agregó.

No sé en qué momento dije:

—¡Sí, sí voy! Voy contigo a México.

Por supuesto que no pensé en qué dirían mis papás, no pensé más que en el viaje a México. ¡No me importaba nada más!

Al día siguiente, con los datos del vuelo de Temo, me fui a la agencia de viajes más cercana a mi apartamento, compré mi boleto con el dinero de mi cuenta e hice el cheque sin tener conciencia de lo que estaba haciendo. Cuando le conté a mi hermana Ana lo que iba a hacer me dijo, obviamente, que estaba loca. Me preguntó:

—¿Sabes lo que estás haciendo? Él es un hombre hecho, te lleva cinco años. Me cae muy bien, pero ¡lo conocemos muy poco!

No recuerdo qué le contesté. La verdad es que no tenía una buena respuesta, no sabía qué decirle.

Llegué a la universidad directo a buscar a Temo y enseñarle mi boleto de avión; por supuesto, se sorprendió mucho, no sé si de felicidad o del susto de pensar que sí iría con él a México.

Se pasaron los días volando. Yo no perdía oportunidad para verlo y estar con él. Salíamos juntos a donde él quisiera. Lo acompañé a hacer sus últimas compras, una de las cuales fue de cuatro trajes italianos que costaban una fortuna; también compró camisas. ¡Se veía guapísimo! Le encantaban las corbatas de seda. ¿Cuántas se compró? No lo recuerdo, pero eran muchísimas.

Tuvo su despedida con sus amigos. Si en esos momentos yo me hubiera tenido que despedir dé él hubiera sufrido mucho, pero todavía estaríamos juntos unos diez días en México.

Se llegó el día. Yo no cabía de felicidad y, desde luego, estaba nerviosa. Mi hermana me había amenazado: si mis papás preguntaban algo les contaría todo. Lo que hice fue llamarlos el día antes de viajar y les dije que les hablaría en diez días. Eso era normal porque no era tan barato llamar por teléfono de larga distancia, lo que se usaba eran las cartas.

La cita más larga

Llegamos al aeropuerto e hicimos el *check in*; no conseguimos sentarnos juntos, pero cuando despegó el avión, para mi sorpresa se levantó y le preguntó al señor que iba junto a mí que si le podía cambiar el asiento, que íbamos juntos, pero que no habíamos conseguido los asientos uno al lado del otro. El señor dijo que sí. Ahí me dijo:

—No me imaginé que te animaras a venir conmigo, pero me da mucho gusto que lo hagas, así vas a conocer más de mí, te vas a dar cuenta de quién te has enamorado.

Por supuesto, me puse roja como un tomate y le dije:

—A mí también me da gusto acompañarte de regreso a tu país y conocerte más.

Platicamos muy a gusto de todo durante todo el vuelo. Me fue contando más cosas de su vida, cosas que me parecieron muy duras y otras en las que había sido feliz.

Llegamos a México. Nos estaba esperando en el aeropuerto Pili, una prima suya. Cuando Temo me presentó, claro, como una amiga, pues no había nada más entre nosotros, ella me miró con cara de pocos amigos, pero fue educada. Me llevaron a casa de los padrinos de bautizo de Temo en Polanco. Me recibieron muy bien. Yo, era obvio, moría de pena. Estaba una hija de ellos que todavía no se casaba, de nombre Mary Cati, y también una nieta, que en esos momentos tendría ocho años.

Me llevaron al que sería mi cuarto. Me quedé un momento platicando con Mary Cati, quien se portó muy linda conmigo. En un momento alcancé a escuchar que los padrinos estaban regañando a Temo, no podía oír con claridad lo que le decían, pero sí que estaban muy molestos. Nos llamaron a cenar; fue una cena agradable. Yo seguía muy apenada.

Cuando Temo se fue me sentí abandonada en una familia totalmente desconocida, pero ya estaba ahí y tenía que aceptar que él no se podía quedar más. Desde un principio me había dicho que viviría en casa de sus primos mientras encontraba un lugar, pues regresaría a trabajar a la Secretaría de Hacienda en unos días.

Al día siguiente, Temo llegó a comer. En ningún momento nos dejaron solos, pero, la verdad, a mí lo único que me importaba era verlo y estar con él. Les pidió permiso a sus padrinos para llevarme a conocer algunos lugares y visitar amigos; gracias a Dios, sus padrinos sí me dieron permiso. En el coche que Pili, su prima, le prestó para esos días, me llevó a Reforma y el centro, pasamos por el Zócalo, Palacio Nacional, la Catedral, etc.

Su oficina estaba en Palacio Nacional, ahí se encontraban oficinas de Hacienda. Me llevó a conocer hasta su escritorio. Antes de irse a Washington él ya era jefe de departamento, pero, al regresar, le dieron un puesto más bajo, habían cambiado al que era su jefe. En Gobierno es muy común que cuando quitan al jefe mueven a toda su gente y el nuevo que llega le da los mejores puestos a gente de su confianza; a pesar de eso, gracias a Dios y a la preparación que Temo tenía, eso no duraría mucho.

Su escritorio se encontraba en medio de muchos más y rodeado de archiveros y mujeres pintándose las uñas, aunque tuvieran mucho trabajo. Temo era muy trabajador y responsable. Si bien para él no era muy agradable estar en ese lugar después de haber tenido su propia oficina, lo tomó bastante tranquilo, confiaba en que pronto saldría de ahí y así fue.

A un costado de Palacio Nacional hay una calle que se llama Correo Mayor, donde se encontraban mercerías, tiendas y restaurantes de árabes y libaneses. Le gustaba mucho a Temo ir a comer a los restaurantes de ese lugar. Una mercería era de Fredy y Beto, muy amigos suyos desde su época de estudiantes en Monterrey y con quienes había compartido apartamento también. Desde entonces, Fredy se había convertido en uno de sus mejores amigos.

Me llevó unas dos o tres veces a comer para que los conociera y a sus esposas también. La verdad, simpatizamos mucho, sobre todo con Gaby, la esposa de Beto. Ella y yo nos hicimos muy buenas amigas.

El fin de semana iríamos con sus padrinos a La Ceiba (Villa Ávila Camacho, Puebla), donde vivía la mamá de Temo y dos de sus hermanos. Sus padrinos pasaban por ahí de camino a su rancho, que se encontraba en Papantla, Veracruz.

Salimos de México, D. F. ya por la tarde noche. Su madrina siempre manejaba, su padrino nunca lo hacía. Temo se ofreció a manejar, pero ella le dijo que no. Nos fuimos los dos en el asiento trasero y, evidentemente, yo iba encantada. Eran muchas horas de camino, pues en esa época las carreteras y, sobre todo esa, eran de ida y vuelta, no había autopistas. En el camino se ponchó una llanta. Temo se ofreció a cambiarla, pero jamás había cambiado una, por lo que me daba mucha risa verlo tratar de hacerlo sin lograrlo. Hasta que doña Cata le dijo:

—A ver, quítate, mijo, yo la cambio.

Doña Cata, la madrina de Temo, cambió la llanta como si nada. Yo moría de risa, pero no molesté a Temo.

Llegamos a casa de la mamá de Temo muy tarde. Toda la familia me recibió muy bien, a pesar de no saber en calidad de qué iba yo, si novia o amiga. Tanto para mí como para todos los demás era una incognita.

Dormí en el cuarto con su mamá. Eso me puso muy nerviosa, la verdad. Pero, bueno, tenía que aceptar todo lo que ellos decidieran.

Al día siguiente desayunamos de todos los antojitos mexicanos que a Temo le gustaban, lo consentían muchísimo. Su mamá se iba muy temprano a su farmacia: La Moderna; ese era el nombre y era la única farmacia del pueblo. Terminamos de desayunar o almorzar, como le llaman aquí en México, pues no es muy temprano cuando lo hacen, más o menos es a media mañana. Nos fuimos caminando a la farmacia, que quedaba del otro lado de la carretera que va de México, D. F. hacia Veracruz.

La farmacia no estaba sobre la carretera, teníamos que caminar unos cuantos metros sobre una calle que salía directo a la vía. En una esquina había una venta de jugos, después una ferretería y, enseguida, la farmacia. Era un local muy grande. Cuando íbamos caminando por el pueblo toda la gente que nos encontrábamos saludaba a Temo. A otros los escuchaba decir "Ese es Temo, el hijo de doña Bertha". Me sentía muy orgullosa de caminar junto a él.

Al llegar a la farmacia me dijo que tenía que ayudar. Bueno, yo no tenía ni idea de nada, pero hacía lo que podía, tenía que preguntar dónde se encontraba todo. A Temo, por supuesto, no le gustaba estar ahí ni atender a la gente, pero me ponía a mí para probarme; para él, hacer eso era muy divertido y yo no le daba el gusto de rendirme, aunque anduviera de un lado a otro preguntando dónde se encontraban los medicamentos que me pedían. Era la locura, pues los fines de semana bajaban todas las personas que vivían en los pueblitos de la sierra. Además, hacía un calor espantoso. Recuerdo que mi pelo, que es chino (colocho, como decimos en El Salvador), se me ponía espantoso y yo no quería que Temo me viera así, pero no lo podía evitar. Me tuvo trabajando hasta la hora de la comida y él leía el periódico muy a gusto. Comimos con toda la familia y todos se reían de mí, pues Temo les decía que yo vivía en una burbuja, que mi papi y mi mami me tenían mal acostumbrada. Se refería a mis papás de esa manera porque, cuando yo le platicaba de mi familia, así les decía. Es la forma en que nos expresamos de nuestros papás en mi país. Para él, todo lo que le contara era motivo para burlarse, lo hacía siempre por molestarme. Y para los demás, claro, era divertido escuchar todo lo que él decía.

Por la tarde me llevó a caminar por el pueblo, me enseñó dónde había estudiado la escuela primaria, se llamaba General Francisco J. Murguía, una escuela pública. Me platicó muchas cosas de su vida. Recuerdo que me dijo que él podría haberse quedado allí toda su vida, que podría haber sido como muchos de sus compañeros de primaria, que se quedaron en el pueblo, o como algunos que se la pasaban en la cantina, emborrachándose, pero que él, siempre, desde niño, tuvo sueños y aspiraciones. Él quiso siempre ser alguien en la vida, nunca quiso ser ranchero ni comerciante como sus tíos, que su primer sueño de pequeño fue ser chofer de ADO, una línea de autobuses que pasaba por allí, porque le impresionaba cómo los conductores vestían de pantalón, camisa y corbata, siempre muy limpios. Cuando creció un poco más tomaba los periódicos y los leía, eso siempre le gustó. Lo que más le agradaba leer era sobre la política y todos los asuntos de Gobierno. Así fue como decidió que estudiaría Economía y Administración de Empresas. Ahora su sueño sería trabajar en Gobierno. Él no quería ser político, él quería servir a su país trabajando en alguna de las dependencias más importantes.

Me llevó a varios lugares: al río en donde un sacerdote le había enseñado a nadar; a una cascada preciosa; al pueblo en el que habían matado a Venustiano Carranza. Me encantaba escucharlo contarme cosas de su vida y hablarme de su país. Lo admiré desde el primer momento porque era muy culto, sabía de todo, aparte que era muy educado y caballeroso. Me gustaba tanto ver cómo saludaba a todas las personas que se encontraba, desde la más humilde hasta la más importante de cualquier lugar, siempre se detenía a platicar con todo mundo, hasta con los niños que veía jugando en las calles, a quienes les movía el cabello, no importaba si estaban sucios o no. Bueno, todo eso me hacía enamorarme más. Confieso que yo no era así, aunque mis papás nos habían educado para que tratáramos a todas las personas por igual, la verdad era que no lo hacíamos como Temo. Éramos educados, pero, por lo menos yo, no era tan humana como él. Con Temo empecé a aprender muchas cosas nuevas.

Cuando caminábamos sí me tomaba de la mano, a pesar de que no éramos nada. Yo me dejaba llevar por él, feliz.

El domingo fuimos todos a misa a la iglesia, estaba todo el pueblo ahí; cuál fue mi impresión cuando me percaté de que separaban a los hombres de las mujeres, pero yo no me quería separar de él. No obstante, hice lo que se debía, no me quedaba de otra. Así que me senté junto a la mamá de Temo, su tía Licha, sus primas y sus cuñadas. Todo el pueblo se preguntaba quién era yo. Me moría de pena de que me voltearan a ver y comentaran entre sí.

Más tarde, me llevó a conocer a una familia, que era la dueña de la fábrica de hielos del pueblo; como eran los únicos en esa zona que se dedicaban a eso, todos los pueblitos alrededor iban con ellos a comprar hielo. Las hijas del dueño, confieso, eran muy guapas, lo cual me hizo sentir celos, pues lo trataban con mucha familiaridad; sin embargo, yo no me apartaba de su lado. Conocí a otra familia, dueña de la gasolinera. Asimismo a la familia de su cuñada Lupe, que ya era esposa de Ignacio, su hermano, que era doctor. Todos eran muy amables conmigo.

El domingo no nos regresamos con sus padrinos al D. F. Temo me dijo que lo iba acompañar a Guadalajara por el que había sido su coche antes de irse a Washington D. C. Su hermano mayor, Jesús, se lo había comprado y se lo iba a prestar en lo que se hacía de un coche nuevo.

Me dijo que nos iríamos en autobús a Poza Rica, Veracruz, y de allí tomaríamos otro que era directo a Guadalajara.

El viaje en el primer autobús fue toda una aventura. Son unos cuarenta y cinco minutos de camino entre La Ceiba y Poza Rica, pero los autobuses que salían de la Ceiba siempre iban llenos de gente, muchos parados y con gallinas o varias cosas para vender. Temo y yo tuvimos que compartir un solo asiento. Iba hasta un merolico cerca de nosotros. Yo no sabía lo que era, se trataba de un señor que iba hablando mucho y muy rápido diciendo:

—Miren cómo se mueve la bolita, no la pierda de vista; ¿dónde quedó la bolita?

En fin, era algo que yo nunca había experimentado. Temo no dejaba de burlarse de mí, pues me decía que todo eso sería una buena experiencia para mí.

Me contó que cuando se fueron a estudiar la secundaria a Poza Rica, se iban los domingos en esos autobuses y se regresaban hasta el viernes siguiente a pasar el fin de semana a La Ceiba.

El autobús de Poza Rica a Guadalajara era mucho mejor, más cómodo y cada quien tenía su asiento. Cuando llegamos a Guadalajara, nos estaba esperando su hermano Jesús y su esposa. Nos quedaríamos una noche ahí y regresaríamos en el coche al D. F. al día siguiente.

Igual que toda su familia, Jesús y su esposa Hortensia fueron muy atentos conmigo. Fuimos a cenar ese día. Me dieron un cuarto para mí sola y al día siguiente desayunamos en su casa. Jesús se fue a trabajar y nosotros regresamos al D. F. en el coche. Era un viaje largo, pero, bueno, yo disfrutaba todo muchísimo; estando con Temo no me afectaba nada.

Paramos a comer en el camino y nos tomamos fotos en algunos lugares. Llegamos tarde al D. F. Sus padrinos le dijeron que se quedara a cenar, cenamos y se fue a casa de sus primos.

El martes nuevamente le tocó ir a trabajar, por la noche volvió y me dejaron salir con él un rato. Me llevó a un restaurante en Polanco. Me platicaba de sus aspiraciones en el trabajo, de lo mucho que le gustaba este, pero que, en realidad, quería llegar a tener un puesto mejor en la Secretaría de Hacienda. Paseamos un ratito. Yo quería detener el tiempo.

Al terminar la noche me dejó en casa de sus padrinos. Tras despedirnos me abrazó y me dijo que al día siguiente iría por mí para llevarme al areopuerto. Yo sentía un nudo en mi estómago, un dolor en mi corazón como no se lo pueden imaginar, solo pensaba que ya no lo volvería a ver en mi vida.

No pude dormir en la noche, fue horrible, no sabía qué hacer para que Temo me detuviera y que no me dejara irme de México.

Pasó por mí temprano. Me despedí de sus padrinos con mucha tristeza y ellos también; como que se habían acostumbrado a mí. Me despedí de Mary Cati, que se había portado también muy linda conmigo; de Modesta, que trabajaba allí, quien, a pesar de que no me veía con muy buenos ojos, pues era muy enojona, me despidió con cariño. También me despedí de Lorena, la nieta de sus padrinos. Yo extrañaría todo y a todos en México.

¡No me puedo ir!

Llegamos al aeropuerto. Temo me ayudó y acompañó en todo. Estuvimos un rato en el restaurante Barón Rojo. Escuchamos el anuncio del vuelo. ¡No lo podía creer! Me llevó de la mano a la entrada de Migración. Había que subir unas escaleras para entrar y ahí nos despedimos. Yo no paraba de llorar. Me abrazó muy fuerte. Yo no quería que me soltara. Hasta que me dijo:

—Tienes que irte, te agradezco muchísimo que hayas venido, siempre te voy a recordar y ya sabes que aquí en México tienes un amigo.

No puedo describir cómo estaba él por dentro, pero por fuera se veía serio. La verdad es que no demostraba lo que sentía. Yo solo lloraba…

Pasé Migración y estuve un rato en la sala de espera, luego nos llamaron para abordar el vuelo, que era de American

Airlines. Llegué a mi asiento. Ya todos los pasajeros habíamos abordado el avión y estaba empezando a moverse rumbo a la pista. En esos momentos tuve un ataque de pánico y no pude controlarme. Me levanté de mi asiento y empecé a gritar que no me podía ir de México, que me tenía que bajar del avión fuera como fuera. Todos los pasajeros me miraban muy asustados o extrañados. Las azafatas no sabían qué hacer conmigo, pues me veían desesperada y muy angustiada. Yo no paraba de decir que me tenía que bajar del avión a como diera lugar. Fue tanto el escándalo que tuvieron que hablar con el piloto y detener la salida del avión. Llevaron una escalera para que pudiera bajar, pues ya estaba separado del puente.

Entrarón al avión dos agentes de Migración para escoltarme. Me hacían miles de preguntas. Yo solo les podía contestar que me tenía que bajar, que era una emergencia.

Hicieron que entrara a la parte de abajo del avión, en donde iba el equipaje. Me pidieron que les señalara mi maleta y la abrieron. Yo creo que revisaban que no llevara una bomba o algo parecido. Estoy segura de que pensaban que era un acto terrorista. A mí no me importaba nada, solo quería regresar a donde me había separado de Temo. Me sacaron con mi maleta una vez que se aseguraron que yo no era peligrosa y no llevaba nada ilegal.

Entramos nuevamente al aeropuerto, por Migración. En esos momentos había muchas personas a mi alrededor, gente de la aerolínea diciéndome que ya no podría volar por American Airlines, que tenía que volar por otra aerolínea.

La verdad es que tanto los de la aerolínea como los de Migración me decían varias cosas, pero yo no entendía nada. Me sacaron una vez más por las escaleras en las que me había despedido de Temo.

Cuando por fin llegué a las escaleras, no podía creer lo que veía, Temo seguía parado en el mismo lugar en el que nos despedimos abrazados unas horas antes. Él no se había movido de ahí después de tanto tiempo. Mi corazón se me salía del pecho. Cuando me vio, se quedó sin palabras con cara de asombro. No sé cuál fue más su impresión si verme otra vez bajar por las escaleras o ver a todas las personas que iban conmigo escoltándome. Le explicaron lo que había hecho en el avión y en esos momentos él tuvo que hacer todo lo que le decían. Cuando terminó, me tomó de la mano y me dijo:

—¿Qué voy a hacer contigo ahora?

¿Qué voy a hacer contigo ahora?

No me reclamó, no me regañó ni nada, su única preocupación era qué hacer conmigo.

Tomo la decisión de llevarme a casa de sus primos. Ya no me podía llevar a casa de sus padrinos y tenía toda la razón, era muy penoso decirles lo que había hecho.

Cuando llegamos me sentía muy apenada con sus primos, pero no podía hacer nada más que guardarme la pena. Me recibieron bien, pero Pili, su prima, que lo adoraba, sí estaba muy seria, fue amable nada más. Me llevó al cuarto donde dormiría, en efecto, lo más alejada de donde Temo lo haría.

Llamé a mi hermana Ana para decirle que no me había podido ir, sin contarle lo que había hecho. Quedé de avisarle qué día y hora llegaría, pues no podía quedarme más de dos días allí.

Llamé a Continental y compré mi boleto para dos días después. Ese vuelo hacía escala en Miami. Así que volví a llamar a mi hermana para decirle cuándo salía y a dónde llegaría. Se enojó mucho conmigo, y cuando supo que ese vuelo llegaba al Aeropuerto de Dulles, se puso aún más furiosa. Me dijo que no iría por mí.

Todo el día estuve con las primas, ya que Temo no alcanzaba a llegar a comer hasta La Herradura, que estaba muy lejos del centro y, con el tráfico de México D. F., era imposible.

Fue terrible para mí estar todo el día sin verlo, pero no me quedaba otra más que aceptar todo. No la pasé mal, se portaron bien conmigo, a pesar de ser muy serias. Fui con ellas a la universidad en donde estudiaban, las acompañé a hacer varias cosas y me la pasé bastante bien.

Cuando Temo llegó tenía ganas de salir corriendo a abrazarlo y solo estar con él, lo cual era imposible. Le conté del boleto de avión y lo que habíamos hecho. Cenamos todos juntos, vimos televisión y nos fuimos a dormir.

Al día siguiente, antes de irse me preguntó si me quería ir con él al centro y que yo aprovechara, mientras él trabajaba, para caminar por ahí y que a la hora de la comida iríamos a comer al restaurante árabe con sus amigos Fredy y Beto. Le dije que sí, obvio, y me arreglé lo más rápido que pude para irme con él.

Estuve recorriendo todas las calles cerca del Zócalo, caminé por Palacio Nacional, fui al primer Palacio de Hierro, aunque no de compras, pues con todo lo que ya había gastado en boletos de avión hubiera sido el colmo.

Habíamos quedado de vernos a las 3:00 p. m. en la puerta Mariana de Palacio Nacional. Yo llegué antes y recuerdo verlo salir de traje y corbata. Me pareció que era el hombre más apuesto y elegante del mundo, así estaba de enamorada.

Nos fuimos caminando tomados de la mano. Me preguntó lo que había hecho en el día y le conté por dónde había caminado y que estuve un rato en Catedral. Él me platicó cómo le había ido en su día.

Todos los que nos hayan visto podrían haber pensado que éramos novios o esposos, pero no, no éramos más que amigos, aunque mis sentimientos fueran otros.

Comimos con Fredy, Beto y Gabi, su esposa, que llegó después; pasamos un rato muy agradable y por la tarde me quedé con ella mientras Temo regresaba a su oficina y ella esperaba a Beto. Me la pasaba muy bien con Gabi, desde un principio nos llevamos muy bien.

Cuando Temo salió de trabajar me buscó en la mercería de ellos, nos despedimos y me desearon que tuviera un buen viaje de regreso a Washington. No podía creer que al día siguiente sí tendría que regresar fuera como fuera.

Temo y yo nos fuimos al estacionamiento por el coche, íbamos hacia la casa de sus primos, pero antes de llegar me preguntó si quería ir a cenar con él unos tacos camino a La

Herradura, por el hipódromo; por supuesto que le dije que sí, no me importaba lo que cenáramos, lo único que quería en esos momentos era estar sola con él y disfrutar de esos últimos momentos. Además, los tacos me encantaban.

Cenamos y platicamos como una verdadera pareja, pero eso solo estaba hasta esos momentos en mis sueños; esa era la cruda realidad para mí, solo éramos amigos.

Llegamos a la casa en La Herradura y estuvimos un rato con sus primos, después nos fuimos a dormir.

Al día siguiente volaría a Washington D. C., ahora sí no podría hacer una locura, no porque no quisiera, no debía hacerla.

Temo me llevó temprano al aeropuerto. La verdad, lo vi un poco diferente a la primera vez que me llevó, estaba como pensativo; íbamos en el coche y me agarró la mano todo el camino. A mí se me salían las lágrimas, pero no decíamos nada, nos fuimos todo el trayecto en silencio.

Llegamos al aeropuerto, dejó el coche en el estacionamiento, caminamos agarrados de la mano; él llevaba mi maleta. Me acompañó a hacer el *check in* y como quedaba tiempo me dijo que fueramos al restaurante Barón Rojo, donde estuvimos sin saber qué decir; la verdad era que ni él ni yo teníamos palabras, él no me podía consolar y yo no podía hablar por la tristeza que sentía de irme así sin más.

Una moneda de oro

No sé cómo, pero, sin pensar, me quité una cadena de oro en la que llevaba un arra de la boda de mi abuela paterna, mamá Tita. Curiosamente, las arras en su boda fueron monedas de oro mexicanas. Mamá Tita nos las había dado, una a cada nieta, de regalo.

Me la quité y le dije:

—Temo, te quiero dar esta arra de mi abuela para que siempre la tengas contigo como un recuerdo mío. Yo siempre te voy a recordar. Te doy las gracias por haberme invitado a venir y, sobre todo, porque me dieras la oportunidad de conocerte más y saber quién eres realmente.

Cuando le dije eso y vio que se la estaba dando, sus ojos se llenaron de lágrimas, no supo qué decirme, se quedó viéndome sin pronunciar una sola palabra. La tomó y se la puso. Justo en ese momento anunciaron mi vuelo. Nos levantamos, me dio un gran abrazo y me dijo gracias.

Me acompañó nuevamente a la entrada de Migración, a las mismas escaleras por donde me había ido y regresado unos días antes, pero esta vez ya nada de eso sucedería. Nos despedimos, por primera vez, con un beso en la boca y un gran abrazo. Me costaba apartarme de él y aceptar que nunca jamás nos volveríamos a ver. Él estaba muy triste.

Subí las escaleras, no podía ni ver bien de tanto llorar. Pasé Migración, abordé el avión. No podía comprender que esto era el fin de lo que había vivido con Temo desde que lo conocí.

Llegué a Miami. Justo al pasar por Migración me detuvieron y me llevaron a un cuarto separado; yo no entendía lo que estaba pasando. Me empezaron a hacer preguntas y no podía entender, pues seguía con mi tristeza y mis pensamientos en Temo. Estaba muy asustada de no saber lo que estaba pasando. Me dijo uno de los que me llevaron a ese cuarto que me calmara, que me iba a explicar con calma. Me empezó a decir que no podía seguir mi viaje a Washington porque había salido del país con mi visa de estudiante, que eso no lo debería haber hecho, que tendría que haber pedido un permiso especial. Empecé a llorar desconsolada, solo pensaba en que mis papás se iban a enterar y se iban a enojar muchísimo, que me iban a matar por lo que había hecho.

Empecé a suplicarles casi de rodillas que, por favor, me dejaran llegar a Washington, que me dijeran cómo podía arreglar eso, que me dieran una oportunidad, que jamás lo volvería hacer. Creo que me vieron realmente desesperada, ya que otro señor de Migración me dijo: "Bueno, vamos a darte la oportunidad de regresar, pero tienes que ir a arreglar mañana mismo tu situación migratoria en Washington y renovar el permiso de estudiante". Y es que, aunque tuviera la visa americana, no me servía para poder seguir en la universidad.

Les prometí que sí lo haría, que iría a donde tuviera que ir. Me explicaron dónde se encontraban las oficinas; era un lugar detrás de la Casa Blanca; me detallaron a qué parte de las oficinas tenía que ir y todo lo que tenía que hacer. Se portaron muy amables conmigo después del susto que me habían dado.

Llegué a Washington y mi hermana Ana me estaba esperando furiosa, aunque me había dicho que no iría a recogerme. Yo no le conté todo lo que había hecho y por todo lo que había pasado, no lo podía hacer en ese momento, porque me hubiera bajado del coche. Iba tan enojada que puso el aire acondicionado del coche al máximo; yo moría de frío, pero no me atrevía a decirle que le bajara un poco.

Me dejó en mi apartamento sin decirme una sola palabra. Ni modo, tenía ella toda la razón de estar enfadada conmigo.

Al día siguiente me fui en mi coche a buscar las oficinas a donde tenía que arreglar todo. Gracias a Dios, llegué sin dificultad. Eso sí, era un lugar en el que daba miedo caminar, aunque estaba detrás de la Casa Blanca era un lugar muy feo.

Logré arreglar esa situación con la ayuda de Dios, porque sola no lo hubiera podido hacer.

Después de haber faltado a la universidad por catorce días, no tenía cara para ver a mis maestros, mis amigos; todos me preguntaban dónde había estado. Claro que no podía contarles toda mi aventura en México. A la única que le platiqué fue a la Yaya en cuanto la vi. Solo lloraba mientras le narraba y le reclamaba que por culpa de ella había conocido a Temo y que me había enamorado de él, que no lo iba a volver a ver y que ahora qué iba hacer con el dolor tan grande que sentía en mi corazón.

Ella me decía:

—Flaca, te vas a casar con él, vas a ver.

Lo único que pensé fue que ella estaba loca, que ni siquiera había llegado a ser novia de Temo, ¿como se le ocurría decirme que me casaría con él?

Por la tarde fuimos al apartamento de Temo a ver una película con José Manuel. Al llegar al edificio y volver a entrar allí mi corazón no podía con tanta tristeza. Nos abrió la puerta Mr. Louis, el portero que de verme tan triste me dijo:

—Don't cry, if he is yours; he will be back.

Me puse a llorar y Mr. Louis me abrazó. Yo le dije que Temo no regresaría, que él no me quería como a mí me hubiera gustado que me quisiera. Me volvió a decir lo mismo:

—*Don't cry, if he is yours; he will be back.*

No daba crédito cómo la Yaya, Mr. Louis y Pepe, el amigo de Temo, podían estar tan seguros y convencidos de que nos casaríamos desde el primer momento en que nos vieron juntos.

La llamada inesperada

Pasé esos días muy triste, no recuerdo bien cuántos, quizá tres o cuatro días, hasta que fui al apartamento de mi hermana a recoger algo y ella no estaba. Estaba viendo su ropa en el vestidor del cuarto cuando sonó el teléfono, fui a contestar y cuál sería mi sorpresa al decir "Aló" y escuchar la voz de Temo que me decía:

—¡Qué bueno que te encontré! Hablé a tu apartamento, me contestó Renata y me dijo que estabas a donde tu hermana.

Yo lo escuchaba, pero estaba muda, me quedé en *shock*, no podía creer que me estaba llamando. Primero me dijo:

—Te estoy llamando de la mercería de Fredy, no me puedo tardar mucho en la llamada; te llamo para decirte tres cosas: no te voy a estar llamando porque sale muy caro llamar de larga distancia; no te voy escribir porque no soy de escribir cartas; te casas conmigo o te olvidas de mí y yo de ti.

Al escuchar eso me quedé sin palabras, estaba sentada en la cama de mi hermana y me parecía que era irreal lo que estaba escuchando. Yo no respondía. Temo me preguntó:

—¿Me estás escuchando?, ¿entiendes lo que te acabo de decir?

En eso reaccioné y le dije:

—¡Sí, sí entiendo y sí, sí acepto!

Muy a su estilo me dijo:

—Bueno, habla con tus papás, para ver cómo podemos vernos, para que me conozcan y decirles que nos queremos casar y hablamos.

Ahí ya todo me parecía un sueño, no podía creer lo que estaba pasando.

De inmediato llamé a mis papás. Hablaba yo tan rápido y tan emocionada que no me entendían nada de lo que les decía.

Mi papá me dijo:

—Hija, cálmate y nos cuentas qué es lo que pasa.

Por supuesto, omití contarles algunas cosas como mi viaje a México. Ellos ya sabían que me gustaba muchísimo un mexicano que se llamaba Cuauhtémoc; les decía que lo quería, pero no se imaginaban que quisiera casarme con él y dejar todo por él.

Cuando por fin les pude explicar que el mexicano me había pedido que me casara con él y que yo había aceptado, mi papá tomo la decisión de que nos reuniéramos en Miami, con todos mis hermanos, para platicar. De las primeras cosas que me advirtió fue que no se me ocurriera ir a México. Me dio un vuelco el corazón y mi estómago al pensar que ya había estado en México y que se pudieran enterar de mi viaje.

Hablé con Temo, le conté lo que me habían dicho mis papás, la fecha en que volaría a Miami, dónde íbamos estar, el teléfono y toda la información que le tenía que dar.

Me dijo que se alegraba y que iba a estar esperando mi llamada cuando estuviéramos en Miami reunidos, para saber todo lo que habíamos platicado.

Cuando le conté a mi hermana Ana, a la Yaya, a José Manuel, que sería mi cuñado, a Mr. Louis y a Pepe, ninguno daba crédito de la noticia. Yaya y Pepe siempre habían dicho que me casaría con él y Mr. Louis me había dicho que él regresaría por mí y que no llorara. Estaban felices al escuchar lo que les estaba contando.

Estuve todavía un mes más en Washington, pues tenía que ir a terminar algunas clases, aunque ya no me importaba nada más. Después de todo, ya no aprobaría casi ninguna materia con tantas faltas, por lo que me daría de baja al terminar el semestre. Ya tenía el mayor y más alegre motivo para hacerlo: casarme con el hombre del cual estaba perdidamente enamorada. Así que esos días los viví como en un sueño, era la persona más feliz, no podía creer que todo lo que estaba pasando era una realidad.

Se llegó el día de ir a Miami con Ana mi hermana. Nos quedamos mis papás, Ana, Gerardo, Claudia y yo en un apartamento, excepto mi hermana Norma, que vivía en Miami en el suyo propio.

Nos reunimos todos ese mismo día a hablar de Temo y de mí. Gerardo y Ana, que lo conocían, hablaban solo cosas buenas de él. Norma, mi hermana, decía que cómo me iba a casar con un desconocido.

Regreso a México

En ese momento les conté todo sobre Temo, excepto que había ido con él a México. No quiero pensar lo que hubieran dicho, puede ser que no quisieran ni conocerlo; no lo sé.

Mis papás dijeron que tenían que conocerlo, que si él no podía ir a Miami por su trabajo, mis papás y yo iríamos a México.

Llamé a Temo y le conté todo lo que habíamos hablado y que, aproximadamente, en diez días estaríamos en México. Desde que me pidió que me casara con él hablábamos casi todos los días por teléfono; a pesar de que decía que salían carísimas las llamadas de larga distancia, él me llamaba.

Un día hablando por teléfono le pedí que me contara por qué tomó la decisión de casarse conmigo, que cómo había sido. Me dijo que cuando llegara a México me lo contaría todo.

Llegamos a México a finales de agosto de 1981. Temo nos estaba esperando en el aeropuerto, me abrazó y me dijo que estaba feliz de verme; me emocionó mucho porque él era poco expresivo y, hasta ese momento, era lo más romántico que me había dicho.

Le presenté a mis papás y a Claudia, mi hermana. Él, como siempre, se portó muy atento con ellos. No pudimos platicar mucho porque en el coche mis papás le contaban sobre todos los viajes que habían hecho a México y lo mucho que les gustaba el país, no solo a ellos, sino a toda la familia, desde mis bisabuelos y abuelos. De hecho, el primer viaje que yo hice con mis abuelos, a los seis años, fue a México. Nos fuimos directo a un hotel en Reforma, donde mis papás habían reservado una *suite* para los cuatro. Le pidieron a Temo que subiera, porque mi mamá estaba muy cansada por el cáncer que padecía desde hace algunos años.

Subimos, nos sentamos en la sala de la *suite* y sin mayor preámbulo mi mamá le preguntó a Temo que cuáles eran sus intenciones conmigo. En ese momento él se puso serio y yo, muy nerviosa. Creo que no supo qué decir, pues me pidió que yo le contestara. Por supuesto que mis papás le dijeron que al que le correspondía hablar era a él.

Empezó diciendo:

—Como ustedes saben, nos queremos casar. Nos gustaría hacerlo este mismo año, pues tener un noviazgo por más tiempo lejos no sería lo mejor. En este momento no tengo mayor cosa material que ofrecerle a su hija, no tengo una casa, ni siquiera un coche, pues el que tengo es de mi hermano. Pero tengo un trabajo estable y como ustedes saben acabo de regresar de Washington de hacer mi segunda maestría. Estoy empezando nuevamente en mi trabajo después de dos años de estar fuera y estoy dispuesto a luchar para darle a Patricia todo a lo que ha estado acostumbrada.

Les dijo que rentaríamos un apartamento y él compraría un coche lo antes posible, que no quería dejar pasar mucho tiempo para casarnos porque yo no vivía en México y que él y yo queríamos estar juntos lo antes posible.

Fue muy sincero con todo lo que les dijo y eso a mis papás les gustó. Le mencionaron que querían conocer a su familia en esos días que iban a estar allí, que no serían muchos.

Cuando se despidió lo acompañé al *lobby* y allí me contó cómo fue que tomó la decisión de casarse conmigo.

—El día que te llamé fui a comer con Fredy. Todo el tiempo durante la comida le estuve platicando sobre ti, desde el día que te fuiste lo fui a ver y solo le hablaba cosas de ti. Cuando terminamos de comer ese día, nos fuimos a la mercería y Fredy, después de haberme escuchado todo lo que le decía, comentó:

—Mi Temo, tú estás enamorado y no lo quieres aceptar, llámala ahorita de aquí y dile que te quieres casar con ella, si no lo haces la vas a perder, es una buena niña. ¿Qué más quieres? ¿Qué esperas? No la dejes ir…

Con eso que Fredy le dijo fue suficiente, le pidió el teléfono y me llamó.

Cuando terminó de contarmé, lo abracé y le dije que nunca me imaginé que eso sucedería, que, de verdad, yo ya lo daba por perdido, que estaba tratando de aceptar que ya nunca lo iba a volver a ver, que hasta le había reclamado a la Yaya que me lo hubiera presentado, pues por culpa de ella yo estaba sufriendo tanto y que la Yaya loca me seguía diciendo que esperara, que estaba segura de que nos casaríamos.

Le conté lo que Mr. Louis me había dicho, que me había abrazado consolándome.

Temo nada más se reía de escucharme.

Al día siguiente nos invitaron a cenar sus padrinos. En ese momento no pensé que podrían decir que yo ya había estado allí, que ya me conocían. Claro que Temo sí lo pensó y había hablado con ellos al respecto, les pidió que, por favor, no dijeran nada, pues mis papás eran muy conservadores y si se lo decían eran capaces de llevarme de vuelta a El Salvador y ahora sí no lo volvería a ver jamás.

Llegamos a casa de los padrinos de Temo y se portaron increíble, la verdad es que todo salió muy bien. Temo les dijo a sus padrinos y a toda la familia que nos casaríamos, a más tardar en diciembre, que primero teníamos que arreglar los papeles para casarnos por lo civil en México, pues viviríamos ahí, que la boda por la iglesia sería a donde mis papás decidieran.

Los padrinos les dijeron a mis papás que podía quedarme con ellos todo el tiempo hasta que fuera la boda civil, que ellos me cuidarían como si fuera su propia hija y que podrían estar tranquilos, así nosotros arreglaríamos todo para casarnos.

El fin de semana llevamos a mis papás a conocer a mi suegra y cuñados, claro, sin decir que yo ya los conocía. Temo se había encargado de decirles a todos que, por favor, no comentaran nada de que ya me conocían. La carretera hacia La Ceiba era preciosa, llena de pinos; se pasaba por una presa muy grande llamada Necaxa, que si no se sabe que es una presa se cree que es un lago. Había un puente que atravesaba la presa de un lado a otro, donde se encontraban otros pueblos, a esa parte le llamaban la Suiza de México, al menos así le decía Temo cuando pasábamos por ahí. Llegamos y también nos recibieron increíble, la tía Licha había preparado unas acamayas, que es un camarón de río de lo más sabroso, y muchas cosas más, fue una comida muy agradable. La familia de Temo nos recibió a todos con mucho gusto y cariño, nos hicieron sentir muy bien, sobre todo a mis papás, que estaban muy contentos.

Mi mamá, después de comer, se fue a recostar al cuarto de doña Bertha. Mi ahora suegra la acompañó, platicaron por mucho tiempo a solas. Nunca supe de qué hablaron, pero mi mamá se veía contenta. Al salir mi mamá solamente me preguntó:

—Hija, si Temo te dice que te vengas a vivir aquí al La Ceiba con él, ¿te vendrías?

—¡Por supuesto que sí! —respondí sin dudarlo.

La Ceiba era un poblado muy pequeño, sin ningún atractivo, llovía mucho, había pocas calles y era muy diferente a los lugares en los que yo había vivido antes.

Yo sabía, por todo lo que había platicado con Temo, que jamás regresaría o nos iríamos a vivir allí. Él un día me dijo:

—A mi mamá le costó mucho trabajo sacarnos de aquí y darnos una buena educación a mis hermanos y a mí para que nunca volviéramos; no la voy a decepcionar a ella ni a mí mismo.

Temo nos dio un recorrido por La Ceiba a lugares a donde ya me había llevado, pero yo me hacía la sorprendida. Ese día a todos los lugares que fuimos me llevaba tomada de la mano. ¡Por fin, mi sueño se hacía realidad y ya éramos oficialmente novios! Aunque nunca me pidió ser su novia ya estábamos comprometidos. Increíble de creer que pasamos directamente de ser amigos a estar comprometidos.

Antes de partir de regreso a México, D. F., le pidió a su mamá que le diera algo que ella tenía guardado. Yo nunca me imaginé lo que era. Cuando salieron del cuarto él traía una cajita, la abrió frente a mí y fue cuando me dijo en persona:

—¿Quieres ser mi esposa? Cásate conmigo.

Me sentí muy emocionada al ver el anillo, yo en esos momentos ni siquiera pensaba en eso. Por supuesto que le dije que sí nuevamente. Esa vez no era lo mismo que la primera que me pidió matrimonio por teléfono. La primera me había dicho que o nos casábamos o nos olvidábamos el uno del otro. Esa vez me pareció lo más romántico que podía existir, me sentía la mujer más feliz del mundo, nos abrazamos y me besó, sin importar que todos nos estuvieran viendo. Regresamos tarde al D. F., pasó a dejarnos al hotel y se despidió de mis papás.

La historia detrás del anillo

Antes de irse me dijo que me quería platicar la historia del anillo que me acababa de dar. Pero que antes de empezar con esa historia quería dejar en claro que esa parte de su vida había sido hace mucho tiempo, en su época de estudiante en Monterrey, y que lo más importante era que el anillo lo tenía la mujer a la que él amaba, a la que él había escogido, la que él quería que fuera la mamá de sus hijos y con la que quería compartir el resto de su vida, y que esa era yo. Me dijo:

—Quiero que sepas esto por mí, no quisiera que alguien más te lo diga.

Me contó que ese anillo lo había comprado en el centro del D. F. con un joyero que le hacía las joyas a la mamá de un muy buen amigo de Torreón, con el que había estudiado en Monterrey. Unos años antes de irse a Washington, Temo tuvo una novia y cuando él terminó la carrera y consiguió trabajo en el D. F. no habían acabado su relación; estando ya establecido pensó en pedirle matrimonio, fue entonces cuando le dijo a Fernando, su amigo, que quería comprarle el anillo de compromiso, y así fue como mandó a hacer mi anillo.

Cuando por fin le entregaron el anillo decidió ir a Monterrey a pedirle matrimonio a su novia, pero ella le dijo que no, pues no estaba dispuesta a irse a vivir al D. F.

Me contó que ese día lloró y se emborrachó, que en ese momento sí le dolió, pero que pasaron los días y entendió que el amor que ella sentía por él no era verdadero, pues no estaba dispuesta a cambiar nada de su vida por él. Él también se dio cuenta de que, en realidad, no le dolía tanto romper con esa relación, que lo que realmente le molestó fue la manera en como ella le dijo que no, sentía su orgullo herido por esa razón. Comprobó que no era la persona correcta para pasar el resto de su vida. Y el tiempo le había dado la razón, pues ella, en breve, tuvo otra relación y se casó.

Cuando terminó de contarme la historia de mi anillo, le agradecí que me lo hubiera dicho y fui sincera con él, le dije que no me dolía ni me molestaba el hecho de que mi anillo lo había comprado para otra persona; lo importante para mí era que conmigo se quería casar y, al final, la que tenía el anillo en el dedo era yo y que yo también quería pasar el resto de mi vida con él y que fuera el papá de mis hijos. Nos abrazamos, le dije que el anillo no era lo relevante, que lo trascendente era que me hubiera elegido a mí para escribir nuestra historia juntos por el resto de nuestras vidas.

Él mencionó que yo le había demostrado amor desde que nos conocimos, que no me había detenido, a pesar de todo, que siempre estaba para él, aunque me decía que no me enamorara; que no me detuve para venir con él a México, que en cuanto yo regresé a Washington él no dejó de pensar en mí, en valorar cómo era yo con él, cómo lo quería, aun a sabiendas de que no nos íbamos a volver a ver; que por esa razón no dejaba de hablar con Fredy de mí y que cuando Fredy le dijo que lo veía realmente enamorado de mí, en ese instante aceptó que Fredy tenía razón, que no podía perderme.

Mis papás estuvieron esa semana en México, salimos a muchos lugares. Fuimos a ver a la Virgen de Guadalupe a La Villa; ahí, en su presencia, tomados de la mano, le agradecí el regalo tan grande que Dios me estaba dando.

Mi mamá me dijo:

—Hija, siempre nos ha gustado México, siempre le hemos tenido un cariño especial, aquí se apareció la Virgen María, que tú sabes del amor tan grande que nos tiene: me ha permitido seguir viviendo para ver casados a todos mis hijos, a pesar de la enfermedad. A ti te va a tocar vivir en este país que tanto queremos y estoy segura de que vas hacer muy feliz aquí; si bien no estarás cerca de nosotros, lo acepto feliz y agradecida porque sabemos que te casas con el hombre que Dios tenía destinado para ti. Has sabido escoger bien y tendrás un matrimonio maravilloso.

Me advirtió que todo eso no quería decir que nunca tendría una discusión o desacuerdo con Temo, pero lo importante era saber cómo solucionarlo entre los dos.

Mis papás se fueron a El Salvador, mi hermana Claudia se quedó conmigo en casa de los padrinos de Temo. Empezamos de inmediato a realizar los trámites para la boda. Tuve que ir a Gobernación y a Relaciones Exteriores varias veces. Temo no siempre podía acompañarme, pues estaba trabajando, pero hacía todo lo posible para estar conmigo.

Temo habló con sus primos para pedirles prestado el salón de fiestas que tenía la casa de La Herradura para la boda civil; por supuesto, sus primos aceptaron de inmediato. La Herradura estaba en el Estado de México, así que teníamos que encontrar un juez de ese lugar, en Huixquilucan. Dio la casualidad de que las oficinas del juez se encontraban a una calle de la casa de sus primos. Fuimos los dos a buscar al juez y solicitamos la fecha de la boda para los primeros días de octubre.

Por la situación en El Salvador, no era conveniente que la boda por la iglesia fuera ahí, de modo que mis papás nos pidieron que fuera en Houston, ya que los médicos de mi mamá se encontraban en ese lugar y, por lo avanzado de la enfermedad, tenía que estar asistiendo al hospital muy seguido. Mi hermano Gerardo estudiaba en Houston también y nos ayudaría con los trámites de la iglesia, que se encontraba muy cerca de la casa de mis papás.

La iglesia que nos correspondía era St. Cyrile, una muy bonita, muy grande y moderna. Mi hermano Gerardo habló con el padre para explicarle los motivos por los que Temo y yo no podíamos ir en esos momentos a solicitarle que nos casara. Era todo un caso nuestra situación: un mexicano con una salvadoreña, que se habían conocido en Washignton, que estaban arreglando los papeles para casarse por lo civil en México y que no podían casarse en El Salvador por la guerra civil, que habían decidido casarse en Houston por el tratamiento contra el cáncer de la mamá de la novia.

El padre comprendió y le dijo que, por favor, lo llamáramos por teléfono para que pudiera platicar con nosotros, aunque fuera de larga distancia, y así lo hicimos. Nos comunicamos de casa de los padrinos de Temo; charlamos con él sobre nosotros; nos hizo preguntas, a las cuales respondimos. Nos dijo que teníamos que ir a las pláticas prematrimoniales en la iglesia que nos correspondía, en cuanto las tomáramos debíamos mandarle el comprobante de haberlas tomado y de que no hubiese ningún impedimento para casarnos. También nos dijo que antes de la boda debíamos confesarnos. Para mí no era problema la confesión, pues lo hacía constantemente, pero Temo no lo había hecho desde su primera comunión; él decía que se confesaba con Dios directamente. Por supuesto que no le quedó de otra que aceptar confesarse antes de la boda.

La iglesia que nos correspondía era San Agustín, en Polanco, cerca de casa de sus padrinos, así que me encargué de ir a pedir las fechas de las próximas pláticas prematrimoniales; tenía que ser antes de la boda civil, pues en cuanto nos casáramos por lo civil mis papás me llevarían a El Salvador con ellos y de allí a Houston para la boda por la iglesia.

Gracias a Dios, sí hubo pláticas un fin de semana antes de la boda civil. A Temo no le encantaba eso de ir un fin de semana completo a pláticas prematrimoniales, pero no le quedó de otra. A mí todo me parecía maravilloso.

La fecha que decidimos para casarnos por la iglesia fue el 19 de diciembre.

Los días se nos iban pasando entre trámites, pero también disfrutábamos de nuestro noviazgo, pues diario comíamos juntos, salíamos al cine, al teatro; un día fuimos a ver bailar flamenco, y los fines de semana nos íbamos a ver a mi suegra a La Ceiba.

Algo muy importante que teníamos que hacer también era buscar un apartamento para vivir. Como Temo había vivido de soltero antes de irse a Washington en la colonia Del Valle, nos centramos en buscar en esa zona, que es una que está muy bien ubicada; además, pensamos también en la distancia, y dado que Temo trabajaba en el centro, en Palacio Nacional, no le quedaría tan lejos. Encontramos un apartamento de una recámara en la calle de Concepción Béistegui; era pequeñito, pero a mí eso no me importaba, me hacía muchísima ilusión arreglarlo bonito y el solo pensar que allí comenzaríamos nuestra vida juntos. Yo no podía pedir mas.

Mientras Temo trabajaba y no teníamos que hacer algún trámite, mi hermana y yo nos íbamos a las tiendas en Polanco, salíamos con la madrina de Temo. Lorena, la nieta de los padrinos, se dedicaba a hacernos travesuras, pues era tremenda.

Estando cerca de la fecha de la boda civil, doña Bertha se puso muy mal, le salieron cálculos en los riñones y la tuvieron que traer de emergencia al Hospital Español, en el D. F., muy cerca de la casa de los padrinos. Así que nos pidieron que retrasáramos la boda civil, para que se pudiera recuperar de la operación. La pospusimos para el 31 de octubre, un día muy peculiar, por ser el Día de Brujas, pero era la única fecha disponible que tenía el juez, si no tendríamos que esperar a noviembre, lo cual no era posible, ya que la boda por la iglesia era el 19 de diciembre.

Nuestro futuro hogar

Operaron a mi suegra y, por supuesto, yo iba diario a estar con ella en el hospital mientras Temo llegaba de la oficina. No habían pasado ni veinticuatro horas de la operación, por lo que todavía mi suegra se encontraba un poco anestesiada cuando llegó Temo y le dijo:

—Madre, necesito decirte algo, fíjate que un compañero de trabajo me platicó hoy que hay unos apartamentos en venta que están en construcción a muy buen precio y bien ubicados, están por Las Aguilas, en el sur de la ciudad, el fraccionamiento es nuevo, se llama Colinas del Sur, hoy me llevó a verlos y el lugar está muy bonito. Los apartamentos van a quedar muy bien, tienen tres recámaras, dos baños, sala comedor, su cocina equipada, lavandería, cuarto de servicio, todo... Mi suegra, aún medio dormida, le preguntó que cuánto costaban; Temo no tardó en decirle el precio y mi suegra le contestó:

—Sí, cómpralo.

Yo no lo podía creer, así de pronto, sin pensarlo, tendríamos nuestro apartamento propio. Temo le dijo que él quería vender unas cabezas de ganado que tenía para pagar todo lo que pudiera y que ella nos ayudara con lo que faltaba. Claro que lo que faltaba era más de lo que Temo tenía en ganado, pero, bueno, él puso todo lo que tenía en ese momento. Temo y yo estábamos felices, muy agradecidos con mi suegra, que nos iba a dar una gran ayuda.

En esos días, Temo se ocupó de poner en venta su ganado, mientras tanto mi suegra, desde el hospital, pidió al banco la cantidad de dinero para pagar el departamento. Todo fue muy rápido.

El fin de semana Temo me llevó a conocer nuestra futura casa. A mí me encantó el lugar. Enfrente de los apartamentos había un bosque, en donde nunca construirían, y pasaba un arroyo, era más bien una cañada. Al salir al balcón, esa era la vista. Estaba precioso. Se tardarían hasta marzo en entregárnoslo, pero ya teníamos en dónde vivir mientras tanto.

Mi suegra se recuperó muy bien de la operación y en cuanto pudo la llevamos a conocer nuestro futuro hogar.

Como estábamos rentando no teníamos mucho presupuesto para comprar muebles, y teníamos que dejar el apartamento lo más amueblado que pudiéramos antes de que yo me fuera después de la boda civil, así que mi suegra nos mandó un refrigerador que Temo había tenido en su apartamento en Monterrey. Compramos una sala. Él tenía una base con un vidrio, que era la mesa de su comedor, también de Monterrey, pero no teníamos sillas. Compramos la cama, sin cabecera ni burós. Temo pensó en mudarse ahí hasta que pasara la boda civil.

Para nuestra boda civil Temo me dijo que le íbamos a pedir a la hermana de Jesús, su amigo, que nos hiciera los canapés, pues ella había estudiado para organización de eventos, le quedaba todo muy bien, se había asociado con una amiga y se dedicaban a eso. Como Temo invitó a todos sus amigos y familia, seríamos como sesenta personas. Yo también invité a todos mis amigos y familia, pero solamente estuvieron mis papás, abuela materna, mi tía Tere, hermana de mi papá; Claudia, mi hermana. Mis hermanas mayores no podían venir a la boda porque en esos momentos estaban solicitando su permiso permanente para vivir en Estados Unidos por la situación de guerra en El Salvador. Gerardo, por su parte, estaba estudiando, no podía salir por la visa de estudiante, si no le sucedería lo mismo que a mí cuando me escapé de Washington a México sin permiso.

Llegaron mis papás, mi abuelita materna, Mimi y mi tía el 29 de octubre, fuimos por ellos al aeropuerto con Temo y Claudia, mi hermana; los acompañamos al hotel y ahí cenamos más tarde. Mi abuela y mi tía estaban encantadas con Temo. Él tenía una buena conversación, pues era muy culto, aparte de ser atento, educado y caballeroso. Temo fumaba, igual que la Mimi, mi abuela materna, así que se entendieron muy bien desde el principio, tenían cosas en común.

Al día siguiente, los llevamos a conocer nuestro apartamento. Les gustó mucho. Nos felicitaron porque empezábamos nuestro matrimonio teniendo algo propio. Les contamos, por supuesto, de la gran ayuda de mi suegra.

Ese día fuimos a comer al restaurante del Lago de Chapultepec, pues era un lugar que a mi familia le encantaba visitar. Recorrimos Reforma en coche, ya que mi mamá se cansaba mucho y al día siguiente era nuestra boda.

Los dejamos en el hotel. Como Claudia y yo seguíamos en casa de los padrinos, quedamos de recogerlos por la tarde para llevarlos a casa de los primos de Temo, donde sería la boda civil. Yo me arreglaría y nos iríamos a la boda.

Un paso más para estar juntos

El sábado amanecí feliz, pero muy nerviosa; era el día de nuestra boda civil. Me llevaron la madrina de Temo y Mari Caty, una de sus hijas, al salón de belleza. A mí me parecía que el tiempo pasaba muy lento, comimos mi hermana y yo con ellos a las tres de la tarde, terminando nos subimos a arreglar. Temo pasaría por nosotros para ir por mis papás como a las 5:00 p. m. La boda era a las 7:00 p. m. Nos tocó un tráfico espantoso, y yo sentía que no nos daría tiempo de llegar a La Herradura. Estábamos, literalmente, parados en medio de Insurgentes cuando, de repente, vi a un policía en su moto, el cual no estaba haciendo nada por ayudar a que avanzáramos, como Temo, que no hacía nada más que esperar pacientemente, pues así era él, entonces empecé a tocar el claxon como loca, a hacerle señas y a gritarle al policía que hiciera algo. Temo me quitó la mano del claxon y me dijo que no hiciera eso, que el policía se iba molestar y todo sería peor. Me estaba diciendo eso cuando vemos que el policía se venía acercando a nosotros, se paró en la ventana del conductor, Temo la abrió y le dijo que sentía mucho el escándalo que yo había armado, que le ofrecía disculpas por los dos, pero que era el día de nuestra boda y que teníamos el tiempo contado para poder llegar. El policía me dijo:

—Señorita, no la detengo solamente porque su futuro esposo es un hombre muy educado y paciente, pero, sobre todo, porque es su boda. Aunque no estoy seguro de que le hago un favor a él dejándola ir o si lo mejor sería llevármela detenida y que así él no se case con usted.

Por supuesto que Temo se rio y le dijo:

—Oficial, la señorita le dará una disculpa y le prometerá no volverlo hacer.

Yo, la verdad, no sabía dónde meterme, con toda la pena del mundo me disculpé con el policía y le agradecí que no me llevara detenida.

Empezó a despejarse el tráfico y el policía nos ayudó con su moto a movernos más rápido para poder llegar al hotel que, gracias a Dios, ya estaba cerca.

En ese momento, Temo no me dirigió la palabra, hasta que recogimos a mis papás, abuela y tía, entonces me habló muy serio y molesto para indicarme que me pasara atrás, que dejara que mi papá se fuera adelante.

Cuando se subieron les dijo:

—Señor Enrique y señora Gloria, les quiero contar lo que acaba de hacer su hija...

Les platicó todo el asunto con el policía y agregó que estuvo a punto de decirle al oficial que, por favor, lo librara de mí llevándome detenida, pero que lo pensó y que rápidamente hizo una evaluación sobre todas las cosas buenas que yo tenía, que eran muchas más que las malas y que los nervios me habían traicionado en ese momento y que por eso seguía adelante con la boda.

Mi papá le dijo a Temo, entre broma y en serio, que aún estaba a tiempo de echarse para atrás y que una vez que nos casara el juez ya no había devolución y que yo no iba garantizada.

Por fin, estábamos en La Herradura, a tiempo. Llegó el juez, nos dijo unas palabras sobre el matrimonio, nos preguntó a cada uno si queríamos casarnos; Temo dijo que sí, y sentí que mi corazón volvía a su lugar; luego me preguntó a mí. Creo que no había terminado de hacer la pregunta cuando yo dije: ¡Sí, sí acepto! Después, los testigos, que fueron Fredy y Fernando, por el lado de Temo; por mi lado, mi tía Tere y mi abuela Mimi. Firmamos, el juez dijo "Los declaro marido y mujer", nos abrazamos, nos miramos, me besó y me dijo que se sentía feliz de que ya fuera su esposa.

Pasamos felices nuestra boda, todo salió excelente. Lo divertido fue que se acercaban niños a pedir Halloween, pues la entrada al salón de fiestas daba a la calle y estaba abierto para los invitados.

Terminó nuestra boda y mis papás le dijeron a Temo que en dos días nos regresaríamos a El Salvador. Temo les dijo que no me podían llevar con ellos, que ya estábamos casados y que eso sería motivo de divorcio. Mis papás le dijeron que, hasta la boda religiosa, él tendría todos los derechos, mientras tanto tenía que esperar, que la boda civil para ellos era solamente un trámite.

Al día siguiente fuimos nuevamente a misa a la Villa de Guadalupe a dar gracias por el paso que habíamos dado; estábamos tan contentos que todo nos parecía maravilloso, todo el día estuvimos con mi familia y la mamá de Temo.

Como despedida, nos invitaron a cenar sus padrinos. Nos fuimos Claudia y yo con mis papás al hotel para al día siguiente dirigirnos al aeropuerto y de ahí rumbo a mí país, El Salvador.

Nuestro secreto

Temo pasó temprano por nosotros para llevarnos al aeropuerto. Cuando nos despedimos en aquella misma escalera en donde me dejó dos veces, recordamos él y yo todo lo que habíamos pasado. En ese momento Temo me dijo:

—Algo me detuvo esa primera vez aquí en la escalera, jamás me había quedado parado esperando tanto tiempo, siempre que venía a dejar a alguien aquí los veía subir la escalera y me iba. Ese día contigo fue diferente, aún no sé qué me detuvo aquí. Solo pensaba en que te ibas y que no te volvería a ver, pero no me daba cuenta, en ese momento, de que estaba enamorado de ti. La segunda vez, que me diste esta medalla, me emocionó mucho que me la dieras, creo que te diste cuenta de que sentí que debía detenerte, pero no supe cómo. Cuando nos despedimos no quería dejar de abrazarte. Cuando te vi subir nuevamente por esa escalera, me quedé aquí otra vez esperando no sé cuánto tiempo, pero ya no regresaste.

»Tenía que hablar con alguien y fue que me fui a ver a Fredy. Como te conté, desde ese día hasta que te llamé no dejé de irlo a ver, de hablarle de ti; todo el día pensaba en ti. Le estoy agradecido que me ayudó a darme cuenta y aceptar que estaba enamorado, que quería estar por el resto de mi vida a tu lado.

Cuando Temo me decía todo esto abrazados en el aeropuerto, yo no podía parar de llorar de felicidad y de dar gracias a Dios. Le dije que yo tampoco supe en qué momento se me ocurrió parar el avión y bajarme, que fue un impulso tan grande que no me detuve a pensar en qué podía suceder:

—No pensé si te encontraría allí, no pensé en nada, lo único que quería era estar contigo y lo volvería hacer si fuera necesario.

Nos despedimos seguros de que no tendría que volver a detener un avión para estar juntos. Ya nada nos podría separar. Ahora estaríamos separados, pero había fecha para que volviéramos a estar juntos como esposos ante Dios.

Subí nuevamente esa escalera. Esta vez iba feliz y contenta de ir a mi país, ver a mi familia que estaba allí, a mis amigas y contarles todo sobre Temo, claro, siempre guardando para Temo y para mí el viaje a México y que detuve el avión para volverlo a ver. En esos momentos esa parte de nuestra historia la mantendríamos como nuestro secreto.

Llegamos a El Salvador y empezaron las visitas; las primeras, mi abuela paterna, mis tíos, primos, mis amigas, amigos de mis papás, todo mundo quería saber con quién me casaba, pues en El Salvador lo normal era que te casaras con alguien conocido, algún hijo de amigos de tus papás y que fuera salvadoreño. En este caso, ni siquiera era salvadoreño, era un mexicano totalmente desconocido para todos.

No me cansaba de hablar de Temo, me sentía la mujer más dichosa de la Tierra, así es que podía repetir nuestra historia las veces que me lo pidieran. Cuando por alguna razón tenía que decir mi nombre o firmar, lo hacía como Patricia Oriani de Delgado, estaba orgullosa de ser ya la esposa de Temo, así es que el usar su apellido para mí era lo máximo.

De las primeras cosas que hice fue ir a dejar invitaciones para la boda. Mis papás las mandaron hacer antes de nuestra boda civil y le llevaron a Temo la cantidad que él necesitaba para sus invitados. Aunque de antemano sabíamos que iría solamente parte de nuestras familias y algunos de mis amigos, primero, porque era en Houston, y segundo, muy cerca de la Navidad.

Nos hubiera encantado tener una boda donde todos los invitados pudieran estar, pero entendíamos muy bien que las circunstancias eran diferentes y estábamos tan felices que eso no nos afectaba en lo absoluto.

Carlos, el chofer de casa de mis papás, me llevó a repartir las invitaciones para la boda; él, al igual que Margarita, la persona que cocinaba en casa de mis papás, la Marta y la Blanca, que trabajaban también ahí, tenían muchos años de estar con nosotros, habían sido parte de nuestra familia desde que teníamos uso de razón; habían sido personas muy importantes en nuestra vida, les tocó vivir toda nuestra niñez y adolescencia con nosotros, momentos muy felices, y, a la vez, vivieron con nosotros la enfermedad de mi mamá cuando, a pesar de ser algo duro y triste, nos hacían sentir queridos. Junto con mis papás y mi abuela Mimi, que siempre estaba con nosotros, nos hicieron pasar esos momentos lo mejor que fuera posible.

Repartiendo las invitaciones, Carlos me empezó a recordar muchos momentos de esos, como cuando mis amigas y yo le pedíamos que nos pasara enfrente de las casas de los niños que nos gustaban, cuando hacíamos planes para escaparnos del colegio, en fin, cuando se nos ocurrían diferentes travesuras; también que él me explicaba matemáticas, pues mi papá le había dado la oportunidad de estudiar para contador. Era muy bueno para explicar y yo necesitaba que alguien me ayudara a entender. Me tenía mucha paciencia tanto en darme clases de matemáticas como en enseñarme a manejar. Nos reíamos recordando todo y me decía que en cuanto conociera a Temo le iba a contar todo lo que yo hacía.

Mis abuelas, tías, primas, amigas de mi mamá, mis amigas me empezaron a organizar despedidas de soltera, cada semana tenía una o dos. Decidieron que, como viviría en México, lo mejor sería que me dieran sobrecitos con dólares para que mejor comprara lo que necesitara, pues era imposible que me llevara todos los regalos.

Mi mamá me sugirió que, para los regalos de boda, fuera a un almacén llamado María Cristina, la dueña era mi tía Joy. En la tienda se encontraban cosas muy prácticas para la casa. Fui a elegir lo que necesitaba, sobre todo de cocina, y que me pudiera llevar. Así mi familia y amigos podían ir a comprar los regalos sabiendo que era algo que usaríamos y que podría llevarme en la maleta.

Todos los días hacía algo con mis amigas, íbamos a comer, a tomar café, etc. Quería estar en todos los lugares en donde había pasado mi vida en El Salvador, aprovechar cada momento, pues no volvería a vivir ahí. Los fines de semana íbamos al Lago de Coatepeque, en donde pasé de los mejores momentos de mi vida. También íbamos al mar, que en El Salvador uno puede ir y venir en el mismo día, en una hora se llega a la mayoría de las playas del país.

Todos los días hablábamos Temo y yo; a pesar de que me había dicho lo caro que eran las llamadas, no dejaba de hablarme para que le platicara todo lo que hacía y para él platicarme de su día. Siempre lo hacía cuando regresaba de trabajar. Yo esperaba ese momento como no tienen idea, pues con solo escuchar que sonaba el teléfono, aproximadamente a las 8:00 p. m., mi corazón se aceleraba y yo corría a contestar.

La fecha para irnos a Houston era el 10 de diciembre. Se pasó rápido entre tantas cosas que hice. Se llegó el día, nos fuimos mis papás, Claudia, mi hermana, y mi abuela Mimi.

Temo llegaría el 16 de diciembre; no podía llegar antes, debido a que no tenía vacaciones.

Al día siguiente de haber llegado me llevaron mis papás a la iglesia, para conocerla, ya que era relativamente nueva. Me gustó mucho, era una iglesia moderna, muy grande, muy bonita. Estando ahí, y viendo lo grande que era, mi papá me dijo que si no sería mejor que nos casáramos en una capilla que se encontraba cerca, más pequeña y acogedora, sobre todo porque se vería muy vacía, pues era muy poca la gente que estaría en nuestra boda. Mi contestación fue que no, que lo que quería era caminar todo ese corredor de su brazo al altar a donde me entregaría a Temo y que se luciera la cola de mi vestido, en especial, el velo, que era una mantilla española preciosa. Me dijo que estaba bien, que era nuestra boda y que si eso era lo que quería que así sería.

Hablé ese día con el padre que nos iba casar. Nuevamente le platiqué nuestra historia. Estaba muy sorprendido de que, en realidad, no habíamos tenido un noviazgo normal, pero me dijo que lo importante era que estuviéramos seguros de querer dar ese paso. Me preguntó por Temo y también si ya se había confesado. Le dije que no, pero que me había prometido que, llegando a Houston, lo iría a ver y a confesarse con él.

Mi hermano Gerardo nos había ayudado muchísimo: aparte de la iglesia se encargó de mandar hacer la comida; la música para la iglesia y la de la fiesta él mismo la pondría. Le encantaba encargarse de la música, así que estaba casi todo listo.

Tambien apartó los cuartos en el Hotel Adams Mark, para los invitados. Temo le pidió que, por favor, reservara la *suite* nupcial para nuestra noche de bodas, del 19 al 23 de diciembre, que regresaríamos a México. Despues estaba arrepentido de haber reservado para nosotros en ese lugar, porque fue toda una aventura, pero esta parte la contaré en algún momento en otra historia.

El hotel era nuevo y muy bonito; la ubicación era muy importante, ya que estaba cerca de la iglesia y de donde sería la celebración.

Mi mamá tuvo algunas citas con doctores esos días. Yo la acompañaba y, terminando, nos íbamos de compras, por mi ajuar, a elegir mi ramo, que tenía los días contados para mandarlo hacer, entre otras cosas. Ella no podía caminar mucho, pero me esperaba con mi papá, sentados en algún lugar mientras yo recorría todo Galerías. Ir de compras era de mis pasatiempos favoritos.

Nerviosa y feliz

Llegó Temo con mi suegra y parte de su familia. Me llevó Gerardo, mi hermano, a recibirlos al aeropuerto. No necesito decirles cómo me sentía, estaba loca por verlo. Arribaron por la tarde. Aun así, ese día fuimos al centro de Houston a caminar y cenamos juntos.

Al día siguiente lo primero que hicimos fue ir a la iglesia. El padre ya estaba esperando a Temo. Entró a hablar con él y confesarse. Se tardó bastante. Se pueden imaginar: desde su primera comunión sin hacerlo, supongo que tenía bastantes cosas que decir. Como no me quería separarme de él, lo esperé. Cuando salieron nos dijo el padre: "Ahora sí los puedo casar".

Luego de terminar, nos fuimos con toda la familia de él a diferentes lugares. Era toda una aventura, cada quien quería hacer cosas diferentes. Llegó un momento en que Temo me dijo que nos fuéramos solos a algún lugar, porque, la verdad, era para volverse locos, así que nos fuimos a caminar por nuestro lado, a disfrutar un poco más de nuestro noviazgo.

Mi suegra me dijo que quería ir de compras conmigo para que eligiera qué quería que me regalara. No dudé en aceptarlo ni dos veces, pues, como les digo, me encantaba comprar, así que el día antes de la boda nos fuimos Temo, ella y yo a Galerías, principalmente a Neiman Marcus, que era de mis almacenes preferidos. Como no quería que Temo viera lo que elegiría, pues me faltaban pijamas, él se fue por su lado.

Me daba un poco de pena con mi suegra, es que todo lo que me gustaba, particularmente en ese almacén, no era nada barato, pero ella me consentía, así que todo lo que elegí me lo compró: juegos de camisón con su bata y más ropa, era imposible para mí parar de comprar, pues, aunque ya lo había hecho, seguía; me quería detener, pero mi suegra insistía en regalarme más, no podía decirle que no. Hasta que Temo por fin apareció y dijo que nos fuéramos.

Era la noche anterior al día de la boda cuando nos reunimos toda la familia de Temo, mi familia, amigos por ambos lados, en el bar del hotel; lo pasamos muy contentos y no nos dejaron de molestar sobre que ya era la última noche que pasaríamos cada quien con su familia.

No dormí nada, estaba entre emocionada, nerviosa y feliz; pensaba en mi nueva vida ya viviendo en México. No recuerdo cuánto logré dormir.

Se llegó el día de nuestra boda: 19 de diciembre de 1981.

Como estábamos toda mi familia en casa de mis papás, era un relajo, mis hermanas opinando sobre mi peinado, el maquillaje, etc. Nunca fui de mucho maquillaje, lo único que les pedía era que me maquillaran poco, que fuera natural. En mi cabello no había mucho que se pudiera hacer, pues lo tenía corto. Sí me peinaron, pero como normalmente lo hacía yo, claro, un poco más profesional. Llegó el momento de ponerme el vestido, el velo. No puedo describir cómo me sentía, era como estar en un sueño. Ese momento tan soñado y esperado se haría realidad en unas horas.

Los consejos

Me tomaron fotos antes de salir. Mi hermano había rentado una limusina Mercedes Benz blanca para que me llevara a la iglesia y, al terminar la ceremonia, nos condujera, a Temo y a mí, a nuestra celebración. Tras salir de la casa, sentí un nudo en la garganta. Aunque estaba muy muy feliz, sí llegué a pensar en ese momento que ya no volvería a vivir con mis papás, que estaría lejos de toda mi familia, que no regresaría a El Salvador. Mientras pensaba todo eso mi mamá me dijo:

—Hija, desde hoy, después de la ceremonia, nosotros pasaremos a segundo plano, en primer lugar estará tu esposo y sus hijos, cuando los tengan. Tu deber será darle siempre el primer lugar a él, habrán días muy felices, pero también habran días tristes; siempre apóyense, pase lo que pase, platiquen sobre todas las cosas que les gustan y las que no.

Me dio muchos consejos que no terminaría de escribir. Para terminar, me dijo que estaba a punto de dar el paso más importante de mi vida, pero que estaban seguros de que era lo que realmente queríamos Temo y yo, que formaríamos una bonita familia.

Traté de no llorar, por el maquillaje, pero me fue imposible, abracé a mis papás y les agradecí con todo mi corazón por la vida que me habían dado hasta ese día, por todas las enseñanzas, por todo lo que me habían entregado, pues había tenido la fortuna de crecer en una familia como la nuestra.

Me subí en la limusina. Rumbo a la iglesia pensé en toda mi vida hasta ese día, le agradecí a Dios por haberme permitido vivir todo lo que había vivido hasta llegar a ese momento tan hermoso e importante, que era todo lo que había soñado e imaginado.

La entrega

El día estaba muy frío, pero me parecía el más lindo y cálido. Entré a la iglesia del brazo de mi papá, nos detuvimos en las puertas y, al final del corredor, junto al altar, estaba Temo esperándome. ¿Cómo describir lo que sentía en ese momento? Es imposible para mí. Mi papá me dijo:

—Hija, de verdad, ¿estás segura que quieres casarte? Todavía puedes arrepentirte.

No sé si lo decía en broma o en serio, pero me le quedé mirando y le dije:

—Papi, Temo es el hombre con el que quiero estar hasta el fin de mi vida, nunca he estado más segura de algo.

Me dio un beso en la frente y comenzamos a caminar hacia el altar; al estar enfrente de Temo, mi papá le dijo:

—Te entrego a mi hija, confío en que la vas a hacer muy feliz, porque sé que la amas, y estoy muy seguro de que ella te va a hacer feliz, porque ella te ama a ti.

Temo abrazó a mi papá, le agradeció por todo y le dijo que estuviera seguro de que así sería, que para él lo más importante sería yo, que siempre estaríamos juntos hasta el final de nuestras vidas, que me amaría y respetaría todos los días de su vida.

Me tomó de la mano, subimos hacia el altar a nuestros reclinatorios, en donde nos estaba esperando el padre para casarnos.

La promesa

Ahí, frente a Dios y la Virgen María, nos prometimos amarnos y respetarnos todos los días de nuestras vidas.

Promesa que Temo cumplió hasta el último día de su vida. Él ya no está aquí con nosotros para poder leer nuestra historia y emocionarse conmigo otra vez al escribirla. Me consuela pensar que la vivimos juntos en carne propia y estoy segura de que está junto a mí y a nuestros hijos. Aún hoy, después de treinta y nueve años, él está presente en mi mente y mi corazón, todos los días, en cada momento. Lo amaré toda mi vida.

El día que Dios se lo llevó de mi lado le dije que yo volvería a repetir nuestra vida juntos, volvería a hacer todo lo que hice por amor, que volvería a vivir todo lo que vivimos juntos, que repetiría cada momento que compartimos: los buenos, los malos, los tristes y los alegres; todo, sin cambiar nada. Le dije que siempre lo admiré en todo lo que hacía, cómo era como persona, no solamente con nosotros su familia, también con nuestros amigos, sus compañeros de trabajo, incluso con las personas con las que se encontraba a su paso y no conocía.

Le agradecí por haberme elegido como su esposa, su amiga, su compañera, por todo lo que me enseñó a mí y a nuestros hijos Juan Carlos, María Celina y María José con su ejemplo. Cumplió con su promesa de amarme y respetarme todos los días de su vida. Nos dio todo, lo que podríamos haber deseado principalmente, su amor, dedicación y su ejemplo de hombre honrado y trabajador.

Le dije que yo sabía por qué le habían puesto el nombre de Cuauhtémoc: él era un gran guerrero y así lo recordaremos.

Siempre estaré agradecida con Dios por los treinta y ocho años de matrimonio que nos permitió estar juntos.

www.ingramcontent.com/pod-product-compliance
Lightning Source LLC
Chambersburg PA
CBHW030639130626
46552CB00002B/930
* 9 7 8 1 6 4 7 8 9 3 4 8 4 *